数字化财务管理与内部控制

黄桦　范辉　李杰　著

北京工业大学出版社

图书在版编目（ＣＩＰ）数据

数字化财务管理与内部控制 / 黄桦, 范辉, 李杰著.
北京 ： 北京工业大学出版社, 2024. 12. -- ISBN 978-7-
5639-8731-3

Ⅰ. F275-39；F272. 3-39

中国国家版本馆CIP数据核字第2024MP1660号

数字化财务管理与内部控制
SHUZIHUA CAIWU GUANLI YU NEIBU KONGZHI

著　者：黄　桦 范　辉 李　杰
责任编辑：李周辉
封面设计：青　青
出版发行：北京工业大学出版社
　　　　　（北京市朝阳区平乐园 100 号　邮编：100124）
　　　　　010-67391722（传真）bgdcbs@sina.com
经销单位：全国各地新华书店
承印单位：河北文盛印刷有限公司
开　　本：787毫米 × 1092毫米 1/16
印　　张：12.25
字　　数：199千字
版　　次：2024年12月第1版
印　　次：2025年1月第1次印刷
标准书号：ISBN 978-7-5639-8731-3
定　　价：68.00元

前 言

在当今全球经济日益数字化、智能化的浪潮中，企业财务管理与内部控制的转型与升级已成为企业可持续发展的关键驱动力。随着信息技术的飞速发展，数字经济作为新兴经济形态，正以前所未有的速度重塑着传统商业模式与管理体系。在此背景下，数字化财务管理与内部控制作为企业管理体系的核心组成部分，其重要性日益凸显。本书正是在此背景下应运而生，旨在深入剖析数字经济时代财务管理的变革趋势，系统阐述数字化财务管理的理论框架与实践路径，为企业财务管理人员及研究者提供一本全面、科学的指导手册。

本书通过对数字经济及其支撑技术的概述，以及财务管理基础知识的回顾，为读者构建了理解数字化财务管理的理论基础。随后逐步深入，分别探讨了数字化财务管理的逻辑理路、实践进路、企业财务管理业务流程，揭示了数字化手段如何重塑财务管理的各个环节，提升管理效率与决策质量。之后，进一步聚焦于数字化财务管理的转型与发展、项目投资与数字化技术创新、项目融资管理与数字化转型革新、金融与金融创新分析、管理会计实践与智能会计系统设计，特别是对内部控制与数字化变革分析，不仅揭示了内部控制在数字化转型中的新角色与新挑战，还提出了构建数字化内部控制体系的具体策略与路径。

本书内容丰富、结构严谨，不仅是一部理论性较强的学术著作，更是一部实践性较强的操作指南。它为企业财务管理人员提供了实施数字化财务管理的具体方法与工具，有助于企业快速适应数字经济环境，提升财务管理水平，增强市场竞争力。

本书由黄桦、范辉、李杰共同撰写，感谢周雅婕、任秀伏、王丽丽参与本书的统筹工作。

在此，衷心感谢所有为本书写作提供宝贵意见与支持的专家学者、企业界朋友。期待本书能够成为推动企业财务管理数字化转型的重要力量，为企业创造更大的价值，为学术研究贡献更多的智慧。

目　　录

第一章　数字化财务管理概述

在当今这个日新月异的数字时代，全球经济格局正经历着前所未有的变革，数字经济以其独特的魅力和强大的驱动力，已经成为推动社会经济发展的新引擎。随着大数据、云计算、人工智能等前沿技术的迅猛发展，传统财务管理模式面临着前所未有的挑战与机遇。企业如何有效利用数字技术优化财务管理流程，提升决策效率与精准度，已成为业界关注的焦点。本章主要阐述数字经济、数字经济的支撑技术、财务管理基础知识、数字化企业财务管理方法与理论。

第一节　数字经济概述

当今世界正在发生着人类有史以来最为迅速、广泛、深刻的变化。以信息技术为代表的高新技术突飞猛进，以信息化和信息产业发展水平为主要特征的综合国力竞争日趋激烈。数字经济对经济发展和社会进步带来的深刻影响，引起了世界各国的普遍关注。许多国家都十分重视数字经济的发展，把加快推进信息化作为经济和社会发展的战略任务。

一. 数字经济的内涵

数字经济是一系列社会经济活动，以互联网为基础，以数字化的知识和信息作为最关键的生产要素，以信息和通信技术的有效使用作为提升效率与优化市场经济结构的重要推动力。基于互联网和数字技术，数字经济不仅全面地渗透到农业、工业、服务业，也彻底改变了包括边际收益递减规律在内的经济增长方面的诸多传统定律，成为继三大产业经济之后更高级别的经济形态，未来很可能成为第四大产业。

从本质上看，数字经济的特征是数字化和信息化等，反映出数字经济发展的基础是数字化和网络平台，数字化体现出数字经济背景下的生产要素变成了数据，数据资源在数字化转型阶段发挥的重要作用越来越明显，经济活动全过程都可以通过数字化的信息来表示。

数字经济的发展表现出网络效应、直接性、渗透性的特征，体现出互联网参与经济活动发展的全过程。数字经济的发展并不局限于互联网本身不断进步，还将数字化活动贯穿于传统经济的发展过程中。企业可借助网络平台实现信息交换，匹配供给与需求，将生产者和消费者直接联系起来，为自己创造新的发展机遇；减少了中间商存在的必要性，缩短了交易的距离和时间，突破了以往交易受到的地区之间的约束，最终提高交易效率。

数字经济时代为传统经济的发展带来突破边界、成本低、效率高的优点，表明了数字经济并不是单一式经济，它的发展并不会排斥其他经济，最终会与传统经济发展为经济共同体。

通过以上分析，可以得出以下结论：数字经济的内涵是以数字化信息为基础，一方面，促进数字经济基础建设；另一方面，借助网络平台，基于融合性和包容性特征，把信息化发展带入传统经济，提高传统产业数字化的一种新的信息化经济形态。在数字经济时代，经济发展会把各个经济主体直接联系在一起，最终发展为一种网络共享和资源共享的经济体。

二、数字经济的范围与范式

（一）数字经济的范围

目前，数字经济发展处于数字转型阶段。根据对数字经济的内涵和特征的分析，数字经济的范围可以概括为两部分：第一部分是数字经济基础产业的发展，即第一个层次的发展，包括信息产业内部数字化发展及由此产生的一系列新兴产业，例如，电信业、软件业、信息技术服务业、大数据产业等；第二部分是数字经济在第二个阶段发展过程中扩展出的范围，指传统产业数字化，即在基础产业发展的背景下，基于渗透性和包容性的特征，在传统产业中不断扩散，促使传统产业不断数字化和智能化。

（二）数字经济的范式

数字技术具有基础牢、应用广、互补性强的特点，为未来经济社会的发展提供了可能。数字技术的创新发展大幅提升了经济效率，带来了基础产业、投资创新、管理方式的跃进式发展。以互联网发展为例，互联网企业、网络运营商、移动设备生产企业在不断的融合发展中持续壮大，与以往传统行业模式不同，时间、空间、地域对其的限制不再像对传统经济形式那么明显，从而极大地改变了人类的工作、学习、生活方式。

第二节　数字经济的支撑技术

一、5G 技术

数字经济是经济增长的新引擎，5G 是数字经济时代的新引擎。5G 的商业普及推动了万物互联化与数据泛在化。由此可见，5G 新动能架起了桥梁，打通了产业鸿沟，成为数字经济时代的加速器。

5G 通信技术是第五代移动通信技术，是目前世界上最先进的移动通信技术。与 4G 相比，5G 具有更高的数据传输速率、更低的延迟、更大的网络容量、更高的可靠性和更广泛的应用场景。具体而言，5G 具有速度更快、功耗更低、时延更短、覆盖更广的特点。

第一，速度更快。5G 时代的极大优势是网络速度。5G 网络的平均速率从 25 Mbit/s 提升到 100 Mbit/s，峰值从 300 Mbit/s 提升到 20 Gbit/s。5G 克服了 4G 网络带宽小、速率低、延时高的瓶颈，让用户感知"弹指一瞬"的速度。

第二，功耗更低。智能产品、物联网服务的普及离不开能源与通信的支撑，能源的供给更多依赖电（电池），所以通信能耗的降低是"重头戏"。

第三，时延更短。超低时延是 5G 的重要特性，这是远程医疗、在线教育、财会管理等对网络时延和可靠性的高品质要求的结果。3G 时代，端到端的时延约为几百毫秒；4G 时代，端到端的时延约为 10 ms；5G 网络，端到端的理想时延为 1 ms。5G 实质上是以相关技术为驱动，从人与人、人与物、物与物的连接延伸到万物互联。

第四，覆盖更广。4G 网络虽然覆盖较广，但 5G 网络将覆盖社会生活的全方位，主要表现在两个方面：一是广度覆盖，指 5G 网络能够覆盖人迹所至的地方，包括偏远地区、丛林峡谷等区域；二是纵深覆盖，指 5G 网络可以对移动通信质量（信号稳定性等）进行更高品质的深度覆盖。

二、物联网技术

（一）物联网的定义

物联网的出现和发展被称为继计算机、互联网之后，世界信息产业的第三次浪潮。物联网产业的发展将由信息网络向全面感知和智能应用两个方向发展、延伸，形成云、管、端的开放式网络架构。随着信息技术的发展，互联网、物联网已经连接世界，其核心和本质即一切业务数据化，包括数据赋予智能财务以新动能。

一个由通信设备连接而成的网络世界，被称为物联网。物联网通过装置在物体上的射频识别、传感器、二维码等技术，通过接口与互联网连接，为物体赋予"智慧"，实现人与物体"对话"，达到物体与物体之间的互联互通。简单地讲，物联网就是物与物的互联网，是利用最新信息技术将物互联互通在一起的新一代网络。实际上，物联网是互联网的延伸与扩展，互联网时代接入的是电脑和手机，物联网时代几乎所有的东西都可以接入，比如空调、冰箱、电视机、扫地机器人都可以接入物联网。

（二）物联网的基本特征

1. 物联网是各种感知技术的广泛集成应用

物联网部署了多种类型的传感器，其获得的信息与数据具有实时性，并能根据环境变化与频率在后期自我更新，据此衍生出新知识与信息。

2. 物联网是建立在互联网基础上的泛在网络

物联网的基础与核心仍为互联网，物联是手段，互联是目的。物联网通过有线网络、无线网络与互联网融合，将物体信息实时准确地传送，传输机制通过泛在网络适应各种异构的网络协议，以保障信息的正确性、即时性、有效性。

3. 物联网具备智能处理数据的能力

通过融合传感器与智能处理，利用云计算、模式识别等智能技术，物联网可以实现分析、挖掘、加工海量信息，针对用户的差异化需求，提供异质性的信息服务和应用模式。

三、光学字符识别技术

光学字符识别（optical character recognition，OCR）技术是将任何手写或打印

的图像转换为可由计算机读取编辑的数据文件的手段。OCR 技术通过扫描纸质的文章、书籍、资料，借助与计算机相关的技术将图像转换为文本，达到提高工作效率和改善文本存储能力的目的。OCR 技术可以分为传统的 OCR 技术方法和基于深度学习的 OCR 技术方法。除了 OCR 之外，文档图像分析和识别（document analysis and recognition，DAR）与场景文字识别（scene text recognition，STR）也是文档图像处理领域更宽泛的概念，前者针对文档的图像识别与处理；后者针对自然场景中的文字检测与识别，是 OCR 的重要分支。随着技术不断发展，OCR 的内涵也在不断拓展。相比于传统的 OCR 技术，基于深度学习的 OCR 技术将繁杂的流程解构为两部分：一是用于定位文本位置的文本检测；二是用于识别文本具体内容的文本识别。

OCR 技术软件由于其稳定性、便捷性、通用性，已经普及推广到文档及证件识别、信息管理、图像编辑、财务管理等诸多方面。财务人员通过 OCR 系统，可以及时获取发票上的信息（公司抬头、金额、编号等），不需要人工录入，直接导入数据库；把手机摄像头对准名片，即可实时导入客户信息。

四、机器学习技术

（一）概述

机器学习是人工智能领域中最能体现智能的分支。从历史上看，机器学习是人工智能中发展最快的分支之一；从狭义角度看，人工智能就是以卷积神经网络（convolutional neural networks，CNN）为代表的深度学习算法。以机器学习技术为核心的人工智能，推进了智能财务平台建设，通过深度学习与进化计算，按业务驱动财务、管理规范业务、数据驱动管理推进，实现大共享、大集成、大数据、大管理。

机器学习是一个研究领域，让计算机无须进行明确编程就具备学习能力。"机器学习之父"汤姆·米切尔给出了更工程化的定义：一个计算机程序利用经验 E 来学习任务 T，性能是 P，如果针对任务 T 的性能 P 随着经验 E 不断增长，则称为机器学习。作为计算机科学的分支，机器学习致力于如何利用代表某现象的样本数据构建算法，这些数据可能是自然产生的，也可能是人工生成的，更可能是来自其他算法的输出。

（二）分类

按照是否在人类监督之下进行训练，机器学习可以分为五个主要类别：

1. 有监督学习

有监督学习指提供给算法的包括所需解决方案的训练。例如，垃圾邮件过滤器通过大量的电子邮件示例及其所属的类别（垃圾邮件还是常规邮件）训练，对邮件进行分类。

2. 无监督学习

无监督学习指训练数据都是未经过标记的，系统会在没有"老师"的情况下进行训练。

3. 半监督学习

半监督学习是无监督算法和有监督算法的结合，指处理部分已经标记的数据。

4. 强化学习

强化学习指自行学习什么是最好的策略，它的学习系统能够观察环境、作出选择、执行动作，从而随着时间推移获得最大回报。例如，很多机器人通过强化学习算法来学习如何行走。

5. 深度学习

深度学习多采用半监督式学习算法，是对人工神经网络的发展，通过多层非线性信息处理结构化模型。因为其可自动提取，所以更适合处理大数据。

第三节　财务管理基础知识

要了解数字化财务管理，先要对一般财务管理的基础知识进行梳理。

一、财务管理的内涵

财务管理也称公司理财或公司金融，是根据资金运动规律，遵照国家法律政策，对企业生产经营过程中资金的筹集、使用、分配，进行预测决策、计划、控制、核算、分析，以提高资金的运用效果，实现资本保值增值的管理工作。财务管理的实质是利用价值形式对企业经营活动进行的综合管理。

财务管理具有动态性的特点。财务管理围绕资金的运动而展开，贯穿于企业生产经营的全过程。市场经济是经济关系货币化的经济，资金运动概念是在市场经济条件下，对企业经营过程一般的和本质的抽象，通过资金运动可以全面反映企业再生产运行过程。资金运动是动态的，随着客观环境的变化，资金运动的形式和状况都会发生变化，这就决定了以资金管理为中心的财务管理活动是一个以科学理论与方法为指导的动态管理系统。对动态系统的管理体现了管理的二重性，即自然属性和社会属性。

财务管理还具有综合性的特点。财务管理围绕资金运动而展开，资金运动具有综合性，可以全面系统地反映企业生产经营的主要过程，资金运动就自然而然地成为企业主要过程的综合表现。随着市场经济的发展，企业面临的环境变得更加复杂；同时，随着企业自身的发展，企业从事的业务和管理工作变得更加复杂。在市场经济条件下处理好企业管理问题，单靠某一方面的管理是不够的，必须有一套系统化、综合性的管理方法，要通盘考虑、统筹管理，而财务管理恰好是一种综合性的管理活动，所以在现代企业管理中，财务管理的地位比较高。企业管理以财务管理为中心，财务管理以资金管理为中心。资金管理的核心是资金运用的管理，资金管理的关键是决策，所以抓住企业财务管理就抓住了管理的关键。

二、财务管理的内容

成功的企业经营和良好的业绩取决于管理者的正确决策。一般来说，管理者代替企业所有者作决策，他们决策如何运用内部和外部财务资源为股东创造财富。尽管不同企业面临的问题各不相同，但财务决策一般包括投资决策、筹资决策、经营决策、股利分配决策四种基本决策。

所有决策都会不同程度地引起资本运动，都对资本流动的方式和规模产生影响，包括资本筹集和资本运用。所有资本运动的综合作用，在经营一定时期后，实现了企业价值增值，从而说明股东的财富实现了增值。为股东创造价值取决于企业对基本决策的管理：根据全面的财务分析选择并进行投资，通过提高资金的使用效率，不断增加利润；谨慎地管理企业筹资，认真权衡预期收益和财务风险。

（一）投资决策

投资是所有企业经营的基本原动力。企业投资可分为对内投资和对外投资。按照投资形态，又可分为实物投资和证券投资。投资决策是财务决策的重要组成部分，与生产经营领域和生产能力的扩大、生产手段及设备更新、生产方式及工艺的改变、对外直接投资等诸多因素有关。

投资决策的核心是在多个可供选择的投资方案中选出一个最佳方案。因为投资决策的投资数额大、占用时间长，所以承担的风险也大。一旦投资决策不当，不但会增加投资费用、延长建设周期，而且会影响企业生产经营活动的支出和效益。因此，在每年制定预算时，财务人员通常要从许多预期能为股东带来收益的新投资项目中作出选择。

选定投资方案的标准一般是现值和收益的价值概念，如净现值、内含报酬率、投资收益率、净资产收益率等，用这些标准对投资和经营的现金收益作出经济权衡。如果分析表明，从某一投资活动中撤出来更为经济合理，那么企业就应该采取投资的反向活动——撤资，将资产出售或将某一经营机构作为一个经济实体出售，从而使企业更有效地利用被占用的资本，也为企业其他活动提供资金。

无论投资还是撤资，都必须符合企业经营特点和需要，也要符合管理者制定的财务政策。例如选定的投资方案符合企业发展战略，将使目前的市场或潜在的市场发展迅速，但未来的投资增加可能会受到财务决策下企业筹资能力的限制。

（二）筹资决策

筹资指企业为满足投资和日常经营的需要所进行的筹集资金行为。企业筹资有多个渠道。首先，企业可以从投资者那里获取资金，这种资金来源属于权益性资金；其次，企业可以从债权人（银行等机构）那里获取借款，这种资金来源属于债务性资金；最后，企业可以通过内部盈利留存等方式获取资金。筹资决策的关键是决定各种资金来源在总资金中所占的比重，即确定资本结构，以使筹资风险和筹资成本相对应。

资本结构决策涉及选择权益资本和长期负债资本的比例，在充分考虑财务风险和偿还能力后，应该达到预期的盈利水平。权益资本和负债资本的筹集方式有很多，关键是谨慎利用固定成本借入的资金，将其投入能够带来比借款利息更高收益的项目，收支差额将增加股东价值，即对风险和预期收益进行比较。资本结构中，债务比例越高，从利润中用于支付利息的比例就越大，财务风险就越大。

衡量筹资决策的主要标准包括每股收益、股利支付率、已获利息倍数、资产

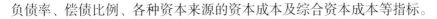

负债率、偿债比例、各种资本来源的资本成本及综合资本成本等指标。

（三）经营决策

企业经营业绩取决于对经营能力的了解和开发利用。经营决策主要是决策如何有效地利用资金，为选择的市场服务，确定适当的价格和服务政策，满足客户需求，提高企业竞争力。财务人员必须权衡竞争价格、销售价格对利润的影响，讲求成本效益，从而在竞争中保持优势。

正确管理营运资本是企业经营成功的基本条件，权衡营运资本的需求与来源会产生事半功倍的效果。为了达到最佳经济效益，企业必须花费大量的时间和精力来平衡其运营资本。财务人员必须了解不同类型经营对资本来源和运用的影响，如季节性变化、周期性变化、迅速增长或下降等，以合理安排现金流量。

企业经营状况是管理者连续经营决策的结果。对企业的经营状况进行分析，可以对经营决策是否正确作出判断，例如评估经营效率和盈利能力等。当然，任何时候对企业的深刻了解都是相对的，因为业务和经营情况在企业之间、行业之间的差别很大，要作出最经济的判断还需要借助财务数据，以反映现实的经济价值和情况。

（四）股利分配决策

企业在经过一段时间的经营后会产生盈利。企业的投资者可能需要收回部分盈利，企业也可能因为有比较好的投资项目需要将盈利留存在企业内部，因此如何确定盈利留存和分配的比例成为财务管理的重要内容。此外，分配利润的形式也很重要。企业的投资者不同，需要的利润分配形式也不同，例如，过高的股利支付率会影响企业再投资的能力，会使未来收益减少，造成股价下跌；过低的股利支付率会引起股东的不满，股价也会下跌。

股利决策受多种因素影响，包括税法对股利和出售股票收益的不同处理、未来企业的投资机会、各种资金来源及其成本、股东对当期收入和未来收入的相对偏好等。公司根据具体情况确定最佳的股利政策是财务决策的一项重要内容。

坚持上述四种基本决策是企业经营成功的关键。企业在制定发展的增长目标时，如果采取的是限制自身的保守财务政策，就不容易有效。同样，如果将经营利润大部分用于支付股利，同时实行严格的借款政策，就会与迅速发展市场并保持市场份额的目标相冲突。因此，财务管理决策的选择必须经过认真的权衡与分析。

三、财务管理的程序

财务管理的程序主要是根据企业经营发展的实际情况对企业的财务管理活动进行优化提升，对于提升企业财务管理效率及管理质量具有重要意义。

（一）财务预测

财务预测指企业根据发展目标和生产经营的需要，以现有的财务资源为依据，运用相关的财务预测方法及流程，计量财务预测数据，优化财务资源配置，并将数据用于企业财务决策及生产经营活动的过程。

企业财务预测是企业财务控制的重要措施，也是企业财务管理的重要组成部分，是企业发展战略得以实现的重要手段。

财务预测能够预判企业未来财务数据的发展方向，能够计量影响未来财务资源合理利用的相关数据，为企业提供可行的管理对策；能够促进企业财务资源的优化配置，让企业能够准确把握市场的重要信息和发展趋势，从而节约资源，提升资源利用效率。财务预测是企业预测期中通过对企业财务状况相关数据信息的整合，结合内外部市场和企业自身情况来进行科学合理的模型构建和预测。理想的财务预测管理可以促进企业高效运营，规避相关财务风险，促进企业经营目标的实现。

（二）财务决策

财务决策是一个系统性、前瞻性的过程，旨在通过合理配置企业资源，以实现企业价值最大化或特定财务目标为导向，进行一系列的判断与选择。这一过程不仅关乎资本的筹集、运用、分配，还深刻影响着企业的风险承受能力、盈利能力、可持续发展能力。

财务决策的制定基于严谨的信息收集与分析，包括市场环境、行业趋势、内部经营状况、财务状况等多维度数据的综合考量。通过构建财务模型，如现金流量预测、敏感性分析、资本预算评估等，决策者能够量化不同方案的经济后果，从而作出更为科学合理的判断。在这一过程中，风险管理被置于核心地位，通过识别、评估、监控潜在风险，并采取相应的防范措施，确保决策在不确定环境中依然稳健可行。

财务决策的内容广泛而深刻，涵盖投资决策、融资决策、营运资金管理决策、利润分配决策等多个方面。投资决策聚焦于长期资产的配置，旨在通过资本支出项目提升企业竞争力与盈利能力；融资决策关注资金来源的选择与资本结构的优化，确保资金成本合理且财务风险可控；营运资金管理决策聚焦于日常经营中的现金流管理，旨在提高资金使用效率，减少资金闲置与浪费；利润分配决策涉及企业盈利如何在留存收益与回馈股东之间进行合理分配，以平衡股东利益与企业长远发展的需要。

随着全球经济一体化的加速及信息技术的飞速发展，财务决策日益呈现出数字化、智能化的趋势。大数据、人工智能、云计算等先进技术的应用，不仅极大地提高了财务数据的处理速度与精度，还为决策者提供了更为丰富、实时的信息支持，使得财务决策能够更加精准地反映市场变化，灵活应对各种挑战。

（三）财务控制

财务控制是由企业的管理层实施的，能对企业的各项经济活动进行计划、控制、调节、监督的活动，让财务控制能够服从企业发展的目标，提高企业的财务价值。财务控制是财务管理系统的重要因素之一。

企业财务控制的原则：财务控制活动的目的是促进企业财务管理能力的提高；财务控制的手段具备丰富性的特点；财务控制的手段应该根据环境的变化而作出调整；财务控制的原则和内容应该得到全体员工的认同；财务控制活动必须考虑成本和效益的统一。

财务控制活动的目标：企业应该建立有效的财务控制组织，严格企业的财务活动，监督财务人员的行为，降低企业发生财务舞弊的概率，保证企业财务效应的发挥；建立有效设计的风险评估系统，提高系统识别和防范风险的能力，减少企业财务报表存在的各项错报；堵塞企业的财务环节漏洞，完善企业的财务流程，增强财务机构的合规意识，减少财务违法行为。

（四）财务分析

在大中型企业当中，人员结构较为复杂，体系庞大，经济业务也较为冗杂，这就体现出财务分析的重要性。财务分析可以充分体现出企业的不足和缺陷，有助于总结经验教训，依据企业目前的实际情况来制定未来的发展方向，有着重要的引导作用。财务分析要与时俱进，如果发现问题，要从实际情况出发找出症结所在，并进行及时有效的调整，通过对当前经济状况的分析来对未来的收益等进行预测。

由此可以看出，在企业的经营与管理当中，建立科学合理的财务分析指标体系是十分关键的。科学合理的财务分析体系，不但可以促进企业管理能力的提升，而且能为企业制定正确决策奠定良好的理论基础，对财务分析进行深层次的研究能够充分发挥财务管理的作用。

第四节　数字化企业财务管理方法与理论

随着全球数字化的发展，企业在生产、经营、销售等方面都有了很大的变化。随着互联网、大数据、云计算等数字化技术的不断涌现，各种新的业务模式也在不断涌现。数字经济的发展打破了传统的时空局限，使信息更加透明，经济活动更加高效，互联互通更加便捷。现代企业是我国经济发展中的一个重要环节，必须及早进行数字化转型。利用大数据、物联网、人工智能等技术改造企业的经营方式，财务管理在企业经营中起到了联通、沟通、融通的作用。

一、数字化企业财务管理的方法

（一）提升企业财务与人力数字化管理水平

1. 加强对企业的财务管理工作的数字化意识

企业管理人才是企业数字化管理的核心要素，企业可以请业内的相关专家来进行企业财务管理人员的专业知识教育与职业教育，让他们清晰地认识到：企业正在朝着数字化、智能化的方向发展，如果还局限于过去的观念和思想，迟早会被时代所抛弃。企业采用数字化的财务管理模式，不但可以提高核心竞争能力，还可以提高决策的准确率，能够享受到更多的改革红利。

2. 员工是实施数字化财务管理的重要参与者和实施主体

要使各部门的观点保持一致，从而促进数字化财务管理的成功转型。企业可以让员工更好地理解数字化财务管理和运行的基本模式，增加数字化工作的体验，并让他们感受到大数据、云计算、物联网等技术应用的高效性，进而转变他们的思维模式。

3. 加强财务管理团队的建设

一方面，要把数字化的理念融入数字化财务管理的工作中，让他们深刻感受数字化技术的优势，让他们愿意接受和利用数字化进行日常的财务统计与核算工作。另一方面，对企业的员工进行从上到下的数字化财务管理，包括建立数字报表平台、业财融合平台等，从获取发票、扫描报账单据等最基本的工作开始，全面提高员工的基本素质。

（二）加强企业数据安全保护措施

1. 加大企业信息化建设的投资力度

为保证企业的数字化财务管理工作，必须有一个强有力的后台做支持。当企业拥有大量的用户时，必须有一套高计算能力的硬件进行业务往来和存储。为了保证企业的安全运行，企业必须在员工的终端设备上安装与外部环境无关的软件和硬件，从而保证自身的信息安全，也保证员工在使用企业财务管理系统时不受外界因素的影响。小型企业使用第三方金融管理系统时，应对其进行实地考察，并与其在数据传输、使用、保管等方面达成协议，以最大限度约束其行为，确保数据的安全。

2. 加强对员工的管理

加强对核心财务管理人员使用数字平台的培训工作，确保财务数据的安全运行、维护、分析。在顶层设计中，员工必须对企业的财务信息负有保密责任，企业应与主要财务主管签订责任协议，规范拥有较高权限的财务经理的行为，尤其是在非工作时间和离职后，必须严格遵守公司的财务管理规定。

3. 及时补救

出了问题，比如关键管理信息泄露后，要采取技术、法律、人事等方面的补救措施，及时弥补因泄露而造成的经济损失。

（三）强化财务信息共享，促进企财税一体化

1. 构建数字化财务共享系统

实现企业财务共享与业财深度融合的进程中，构建数字化财务共享系统扮演着至关重要的角色。这一过程旨在通过整合全体员工的共识，并在高层管理的协调与统一指挥下，实现资金流、业务流、信息流的全面贯通与实时记录，确保企业运营的每一个环节都能得到精准追踪与高效管理。其关键在于构建一个统一的信息平台，不仅能够有效连接企业内部各部门，打破信息孤岛，还应实现与外部环境的无缝对接，促进信息流通的顺畅无阻，从而强化企业内部协作与外部协同能力。

2. 构建智能税务管理系统

利用"互联网+"、物联网、云计算等前沿数字技术，构建智能化税务管理系统，是实现企财税一体化处理与管理的核心举措。该系统能够显著提升企业间合作效率，确保业务、财务与税务流程的无缝衔接与高效运作，进而优化资源配置，增强企业整体经营效益。具体而言，该系统涵盖费用控制智能化、采购支付自动化、报销流程便捷化等功能，通过移动化管理打破地域限制，提升工作效率，实现成本控制的精细化与实时化，确保企业成本始终控制在预算框架内；借助大数据分析进行成本监控与税务审核，保障财务信息的准确性与合规性。

3. 构建综合数据处理体系

引入大数据分析技术，构建集预算管理、成本管理、绩效管理于一体的综合数据处理体系，是挖掘企业经营潜力、精准预测发展趋势的关键。该系统能够深度融合历史数据与实时数据，运用先进的数据分析模型，揭示数据背后的业务逻辑与市场趋势，为管理层提供科学决策依据，助力企业精准把握市场动态，灵活调整经营策略，实现可持续发展。

（四）加强复合型财务人才培养

人力资本是企业的首要资源。数字化对财务管理人才的综合素质要求越来越高。在目前的形势下，企业迫切需要加强财务管理的复合型人才培养，可以通过外部引进与内部培养相结合的方法来进行人才的储备。引进复合型人才是短期内最有效地使用人才的方法，但缺点是人力资源成本高、归属感低、稳定性差，同时也会给企业带来负面的影响。内部培养可以通过开展培训、交流等活动，为财务管理人员提供一个相互学习、交流、合作的机会，促进他们整体素质的提高，促进复合型人才的持续发展，增强员工的归属感和稳定性。所以，企业应采用"内、外"两种方式进行人才储备和人才培养。

二、数字化企业财务管理的理论

（一）组织变革理论

组织变革的本质是组织为了适应内外部环境变化，对各个组成要素进行调整、改变、创新，从而更好地实现目标的过程。组织变革意味着组织的现状与目标之间存在差距，对维系组织生存、促进组织健全发展、体现组织本质特征具有重要意义。

1.组织变革理论与企业改革

企业组织是当今社会系统一个开放的子系统，置身社会之中并深受其广泛而深刻的影响。当今社会处于急剧变化之中，企业组织承受着极大的压力，而这些压力是推动组织变革的强大动力。企业改革是管理工作者具有挑战性的任务之一，只有广泛了解企业的外部环境，确定企业面临的挑战和机遇，实行组织变化与市场变化相匹配的变革，才能实现在变革中生存。因此，组织变革理论为企业改革提供理论指导，企业改革的实践同时推动了组织变革理论的不断发展与完善。

（1）企业改革需要明确组织目标

第一，通过组织变革使组织有效运作，实现与环境的适应。企业组织变革的第一个目标是适应环境，在不断变化和发展的环境中求得生存和发展。因为任何组织都生存于复杂的社会环境中，离不开与环境进行能量、物质、信息的交流与互动。组织不可能完全控制外部环境，只有采取各种新的激励措施和管理办法重新对组织机构进行设计，才能满足员工日益增长的尊重和参与感等的需要，适应外部环境的变化。

第二，实现组织成员之间、群体之间、人－机系统之间的心理和行为上的协调，提高组织效能。目前，各家企业处于一个复杂动荡的竞争性环境中，组织变革解决的问题往往是组织环境中出现的问题，必须运用组织发展的方法进行统筹协调，这就必须考虑到员工的心理和行为方式的变革。组织与有机生命体一样，应保持自我更新和进化的能力，若不能适时适当地调整或变革、促进员工发展与进步，就会老化和衰败，被激烈的市场竞争所淘汰，正是这一逻辑驱动着组织变革的开展。

（2）企业需要识别自身组织变革所面临的问题、阻力及化解之道

第一，组织的问题往往表现在组织的运行效能和员工心理行为变化上。

在组织的运行效能上的主要表现有：机构僵化，决策失灵；业绩下滑，信誉下降；沟通阻塞，士气低落；因循守旧，缺乏创新。

在员工心理行为上的主要表现有：知识型员工与"经济人"的冲突；等级结构与公平感的冲突；集权方式与授权赋能的冲突；重使用与轻培养的冲突；陈旧管理与人本管理的冲突。

第二，企业改革的阻力既有主观因素又有客观因素，主要包括：组织变革的

危机与变革失败的风险；经济利益冲突；组织人员的心理压力；群体思维习惯、行为方式、价值取向等社会因素。

第三，企业改革需要探寻组织变革之道。组织变革理论的创始人卢因的组织变革模型将变革过程概括为"解冻—转变—再冻结"三个阶段。其中，解冻通常是减少维持组织现在行为水平的力量；转变是解冻的结果，即实施变革，要求组织在分析当前形势并制定变革计划和方案后，采取必要的行动，通过组织变革过程来发展新的行为、价值和态度；再冻结是将组织稳定在一个新的均衡状态，目的是保证新的工作方式不会轻易改变，达到支撑变革的强化作用。

（3）企业基于自身需求实施的改革

第一，在组织战略变革方面，重点在于如何实现复杂环境、战略、组织结构之间的协调一致与相互适应，做好战略远景规划和再建战略价值流。

第二，在组织结构变革方面，组织结构设计是组织变革的重要体现，是组织系统为了适应内外部因素的变化，根据组织系统的弊端进行分析、诊断，对组织结构、功能进行不断调整，改变旧的管理形态，建立新的组织管理形态的一种组织行为和管理过程。

第三，在组织文化变革方面，包括找出内外在环境的威胁与机会点、创建明确并关联的愿景、建立内在运作系统并授权相关人员推动改革、监督整个流程并根据学习经验进行必要的修改四个阶段。组织文化变革必须与组织战略、愿景和组织结构变革协调进行。若没有组织文化的变革，组织战略和愿景难以被组织成员所认识和把握并变成每个人自觉的行动指南。

第四，在组织人员变革方面，企业需要采用新的思维和灵活的工作作风指导变革，注重开发员工潜能，授予员工一定的权力，并组织员工进行学习与知识管理。具体包括：思维方法的变革要有科学理论的指导；创造有利于变革的氛围；加强对员工的培训；帮助员工调整心态；帮助员工自身发展；切实关心员工利益；向员工授权；重新设计工作，提高员工价值；建立以网络技术为支撑的企业知识交流平台，促使企业成长为学习型组织，实现知识和信息的快速准确传递；营造知识共享的文化氛围，承认个人在知识开发中的独特性，激发员工将知识转化为有利于企业发展的创新力。

2.组织变革理论在数字化财务管理中的应用

数字化财务管理是数字技术与组织变革深度融合的演进过程，会引发企业竞

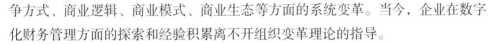

争方式、商业逻辑、商业模式、商业生态等方面的系统变革。当今，企业在数字化财务管理方面的探索和经验积累离不开组织变革理论的指导。

（1）为数字化财务管理的战略规划提供理论框架

通过识别组织内外环境的变化趋势，尤其是数字技术带来的颠覆性影响，企业能够基于变革理论中的权变观点，灵活调整财务战略方向，确保财务管理活动与企业总体战略目标保持一致。这一过程强调了对市场需求的敏锐洞察、技术可行性的深入分析、对组织能力的合理评估，共同构成了数字化财务管理战略制定的多维度考量。

（2）促进数字化财务管理流程的重构与优化

在传统财务管理向数字化财务管理转型的过程中，组织变革理论倡导的流程再造、精益管理等理念被广泛应用于财务流程的梳理与重塑。通过引入自动化、智能化技术，企业能够显著提升财务处理的效率与准确性，同时减少人为错误，使财务管理更加透明、可控。此外，流程优化促进了财务与业务部门的深度融合，实现了数据的实时共享与协同决策，增强了企业的整体响应速度与灵活性。

（3）强调人才与组织结构的适应性调整

面对数字化带来的挑战与机遇，企业需要构建一支具备数字技能、创新思维与跨界合作能力的财务人才队伍。同时，根据数字化财务管理的需求，调整组织结构，打破部门壁垒，建立更加扁平化、灵活化的管理体系，以促进信息的快速流通与决策的高效执行。这一变革不仅提升了组织的整体效能，也为员工提供了更多成长与发展的空间，激发了组织的内在活力。

（4）为风险管理与控制提供理论支持

随着数字化的深入，企业面临的财务风险日益复杂多样。组织变革理论强调了在变革过程中建立健全的风险评估与应对机制，通过引入先进的风险管理工具与技术，如大数据分析、人工智能预测等，实现对潜在风险的及时识别与有效防控。同时，加强内部控制体系建设，确保数字化财务管理的安全性与稳定性，为企业的持续健康发展保驾护航。

（二）内部控制理论

内部控制指由企业董事会、监事会、经理层和全体员工实施的、旨在实现控制目标的过程。内部控制的目标是合理保证企业经营管理合法合规、资产安全、财务报告及相关信息真实完整，提高经营效率和效果，促进企业实现发展战略。

1. 内部控制理论与企业管理

随着管理学理论的发展，管理学知识逐渐运用到企业内部控制的研究中。管理学视角最典型的内部控制即企业管理控制的研究。有关管理控制与内部控制关系的研究，理论界存在管理控制决定内部控制、内部控制决定管理控制、二者是整合一体的讨论。

内部管理控制应成为内部控制的一个重要组成部分，并且在内部控制整体框架中处于主导与支配地位。内部控制的建设和完善不仅应该包括内部管理控制，而且应以内部管理控制为主导，而不是局限于从外部审计的角度强调内部会计控制的建立和完善。企业营运效率效果这一控制目标，在企业内部控制中占重要支配地位、发挥主导作用，其他的控制目标则应服从这一目标。内部控制可分为战略控制、管理控制、作业控制三个层次。其中管理控制是内部控制的核心，是连接企业战略控制与作业控制的桥梁，没有有效的管理控制，不仅会导致企业战略目标无法实现，企业作业控制也将迷失方向。

内部控制与公司治理相衔接，管理控制作为内部控制的具体执行结构，服务于公司治理和内部控制的需要。管理控制模式的发展和丰富，也为内部控制有效性的完善提供理论支持。全面预算管理作为一种高效的管理控制方式，能使企业目标具体化，并能强化内部控制，因此以企业全面预算管理来完善企业内部控制应是一项可行的措施。管理控制是绩效管理的理论基础，绩效管理又是内部控制的主要手段，从管理控制的角度分析绩效管理的设计思想和方法，可以增强内部控制的有效性。

管理学意义上的内部控制，与管理控制具有同源性和同质性，几乎是"管理控制"的同义词；与会计审计意义上的内部控制相比，其包含的范围更广、职能更多、作用更大。研究内部控制，不仅应从会计审计视角考虑，更应从企业经营管理视角来研究，寻求内部管理控制和内部会计控制的和谐统一，共同实现企业的控制职能。

2. 内部控制理论在数字化财务管理中的应用

内部控制贯穿企业的各项经营管理活动。在建立数字化管理架构的实际进程中，稳定的数字化管理系统对企业转型发展至关重要。众多企业开始加大数字化系统建设的投入，提升财务部门与业务部门的协同性，为企业智能化发展构筑扎实基础，并为企业价值创造提供有力支撑。上述过程需要以内部控制作为制度保障，企业数字化财务管理的实践也离不开内部控制理论的指引。

（1）提供制度框架

内部控制理论通过系统化、规范化的原则，为数字化财务管理提供了坚实的制度框架。在构建数字化财务管理体系时，企业需要将内部控制要素（控制环境、风险评估、控制活动、信息与沟通、监督等）深度融合于系统设计之中，确保数据收集、处理、分析、报告等各环节均处于有效监控之下。这不仅有助于提升数据质量，保障信息的真实性、完整性、及时性，还能有效预防和控制数字化环境中可能出现的风险，如数据安全风险、系统操作风险等，从而维护企业财务管理的稳健性。

（2）促进部门之间的对接与协同

内部控制理论促进了财务部门与业务部门之间的无缝对接与高效协同。在数字化背景下，财务数据的实时共享与智能分析成为可能，内部控制机制要求企业建立跨部门的信息沟通平台，确保财务数据与其他业务数据的有效整合与利用。这种协同机制不仅加速了决策过程，提高了决策质量，还促进了企业资源的优化配置，为企业的价值创造和可持续发展奠定了坚实基础。

（3）强调监督与评估

内部控制理论强调了对数字化财务管理过程的持续监督与评估。在数字化转型过程中，企业应建立健全的内部控制监督机制，利用先进的数字化工具对财务管理流程进行实时监控，及时发现并纠正偏差，确保数字化财务管理的有效性和合规性。同时，通过定期的内部审计和绩效评估，企业可以不断优化内部控制体系，推动数字化财务管理的持续改进与创新，以适应快速变化的市场环境和业务需求。

（三）精益管理理论

精益管理的理念来源于精益生产，精益生产的核心思想可以概括为"一个目标、两大支柱、一大基础"。"一个目标"指以较少的投入实现企业价值最大化；"两大支柱"指及时化和自动化，即通过充分了解市场需求，及时响应客户需求，并实施以人为本的适度自动化；"一大基础"指持续改善以获得产品或服务的价值增值。由此可见，精益生产是以消除浪费为目标，围绕生产过程进行提升的一种管理形式。

精益管理是精益生产概念的扩展与延伸，将精益生产扩大到企业运营管理的全过程，其应用从一开始的局限于汽车制造行业扩大到其他行业、其他领域中，其核心也从以准时化生产为中心的精益生产转变为以提升管理效率为中心的精益管理。精益管理的本质是"持续改善、追求卓越"，主要内容是找出管理环节中浪费资源的环节，利用高效的手段和工具分析产生浪费的原因，通过科学全面的方法来消除浪费，从而完善企业管理、实现企业效率最优化。精益管理的内涵包括以下三层：

第一层，不能满足于现状，需要寻求突破。

第二层，尽可能消除浪费，创造顾客价值。

第三层，不断发现新问题，持续寻求改善。

1. 精益管理理论与企业管理

精益管理理念的精髓是"精"（少投入，避免浪费）与"益"（高效益，精益求精）。经过多年的发展，精益管理已经从单一的生产领域拓展到企业经营管理的若干环节，例如人力资源管理、供应链管理、财务管理等。

（1）精益管理理念与人力资源管理

在精益管理思想下，人力资源管理应当实现精细化和准确化管理，最大限度地减少人力资源浪费，提高人才使用效率。

第一，转变用人观念。要善于在过去被视为常态的人力资源工作中深度挖掘各种浪费现象，变粗放的人力资源管理为精细、准确化管理，全面提升人才使用效率。

第二，准确用人。提高企业的识人、用人水平，消除因"小材大用"和"大材小用"等用人不当造成的浪费现象。

第三，做细基础工作。严格实施绩效考核制度，确保考核工作的准确、客观、公正，提供多渠道的晋升空间。

第四，通过物质激励和精神激励充分调动员工积极性，深入挖掘员工潜能，激发员工的创造性。

第五，加强企业文化建设，提升员工的归属感，强调团队合作精神。

（2）精益管理理念与供应链管理

在精益管理思想下，供应链管理应当以客户需求为中心，对供应链中的材料采购、产品设计、制造和分销等每一个环节进行分析，并依据不间断、不迂回、不倒流、不等待、不出废品的原则制定创造价值的行动方案。

第一，高度重视物流服务质量，应当建立覆盖供应商、制造商、分销商、配送中心等供应链网络的各个节点的质量保证体系，追求产品的零缺陷。

第二，在提供令客户满意的产品和服务的同时，力争消除供应链网络中一切形式的浪费。

第三，以客户需求为中心，在适当的成本下最大限度、最快速地满足客户特殊化、多样化的需求。

第四，坚持持续改进、不断完善，使供应链总成本不断降低，总体效率不断提升。

（3）精益管理理念与财务管理

在精益管理理念下，财务管理应当充分挖掘和利用企业现有的可利用资源，尽可能减少不能创造价值的作业和活动，有效组织和配置资源，以求成本的不断降低和利润的不断提高，最终达到提升企业价值的目的。

第一，在筹资管理活动中，在风险可控的条件下，以企业目标和财务管理目标为指导，最优化地筹集企业所必需的资金。

第二，在投资管理活动中，根据企业发展战略和不同时期的目标进行合理的投资规划，提高投资质量，以最小投资获得最大价值。

第三，在流动资产管理活动中，适当保有合理的现金额度和库存数量，优化管理应收账款。

第四，在成本管理活动中，不断消除供应链各环节中不为客户增值的作业，从而达到降低供应链成本、提高供应链效率的目的。

2. 精益管理理论在数字化财务管理中的应用

要将精益管理理论应用在数字化财务管理中，前提是拥有精益信息，即细节信息。这些细节信息存在于原因信息之中，只有通过对公司财务状况和业务成果的原因追溯，才能发现公司产生风险的细节因素。这些细节信息主要存在于业务信息之中，对原因信息的追溯最终必然延展至业务，从而发现每一个业务细节可能给单位造成的不利影响。通过精益信息的获取，财务工作不再局限于核算与监督，而是将工作延展至全业务流程，结合企业目标与业务，发挥财务有效配置资源的作用，加强内部控制，及时发现管理中存在的问题和风险，对管理过程进行不断的改进和完善，实现精益管理。

将精益管理理论应用在数字化财务管理中，可以采用以下措施：

（1）建立财务共享服务中心，使财务工作向经营管理型转变

财务共享服务中心的建设，有助于降低会计核算成本，提高会计核算服务效率，精简会计核算人员，从而释放更多的会计人员从事业务型财务工作，有利于财务部门开展业财融合，提高财务精细化程度。

（2）加强财务业务数据整合，提升财务部门与业务部门之间的沟通效率

拓展数据边界，从采购、生产、营销等业务领域获取数据，并将碎片化的数据归集到系统中实行集成化管理与分析，双向促进财务与业务活动的准确性，打破各部门及各业务之间"信息孤岛"的局面，实现对企业未来经济活动的精准预测。

（3）打造高素质的财务团队，实现财务与业务的深度融合

第一，财务人员需要转变理念，以统一的组织价值实现为目标，提升与业务融合的主动性。

第二，财务人员需要从对于财务知识的认知能力，延伸至对于数据信息的搜索能力、处理能力、洞察能力。

第三，财务人员需要关注行业政策与趋势、各种商业模式、市场竞争信息等，并基于信息的分析和预测，提供各种对于决策有用的信息。

第二章　数字化财务管理的逻辑理路

在数字化时代的浪潮中，财务管理经历着一场深刻的变革。本章深入探讨数字化财务管理的逻辑脉络，从历史沿革到未来发展趋势，揭示了这一领域的发展轨迹。追溯了数字化财务管理的起源，分析了其演变过程及当前的发展趋势。明确了数字化财务管理的目标与原则，为实践者提供了行动指南。聚焦于数字化财务管理的主体与职能，探讨了在这一过程中各参与方的角色与责任。通过构建一个全面的框架体系，为理解和实施数字化财务管理提供结构性视角。这一系列的探讨不仅为理解数字化财务管理提供了坚实的理论基础，也为实践者指明了前进的方向。

第一节　数字化财务管理的历史沿革与发展趋势

一、数字化财务管理的历史沿革

随着信息技术的飞速发展，数字化浪潮正深刻影响着各行各业，财务管理领域也不例外。新时代下，数字化财务管理体系的创新与建设已经成为企业迈向未来的关键路径。财务在进入数字化管理之前，经历了漫长的升级变革，不同时代的变化影响着财务管理理念，决定了其不同的管理职能、手段、目标。财务数字化早期电算化时代处于核算记账的职能阶段，随着管理理念的不断升级，企业经历了财务数字化 1.0 阶段、财务数字化 2.0 阶段、财务数字化 3.0 阶段，逐步实现财务管理的集约化、信息化。

（一）财务数字化 1.0 阶段

在财务数字化 1.0 阶段，企业财务管理进入了一个利用计算机系统与软件实现会计电算化的重要时期。这一阶段的财务管理职能和手段均呈现出特定的特点，反映了当时技术和管理理念的初步结合。

1. 管理职能

（1）财务管理方面

财务管理在这一阶段的核心任务是通过会计电算化系统，实现财务数据的标准化处理，确保企业财务信息的及时、准确、完整。尽管这些基础性操作职能的重复性和操作性较强，但对于企业的财务健康和管理效率起到了至关重要的支持作用。

（2）财务部门方面

财务部门在这一阶段承担的主要职责包括会计核算、资金管理、财务报表的编制。这些职能直接影响着企业的日常运营，目标是确保财务数据的可靠性，为企业的决策提供必要的财务信息支持。会计核算作为财务职能的核心环节，通过标准化的电算化系统，减少了人为操作的错误，提升了数据处理的效率和准确性。此外，资金管理职能确保了企业资金的合理配置和安全使用，保障了企业资金链的稳定性。财务报表的出具是财务职能的一项重要输出，通过系统化的报表编制流程，财务部门能够及时向管理层提供关键财务数据，为企业战略决策提供可靠的依据。

尽管财务数字化 1.0 阶段的职能主要集中于后台服务，但这些职能的有效运作为企业的发展提供了坚实的财务基础。通过电算化系统，财务管理在这一阶段实现了从手工操作向自动化处理的转变，不仅提高了财务工作效率，还为企业的财务管理带来了更高的精确性和可靠性。财务管理职能在这一阶段的定位，使其能够高效地处理大量财务数据，并在企业内部发挥不可或缺的支持性作用，为企业的财务健康保驾护航。这一阶段的财务职能奠定了企业财务信息管理的基础，为后续更为复杂和智能化的财务管理模式提供了条件。

2. 管理手段

在财务数字化 1.0 阶段，电子计算机通过集成的系统程序对财务基础信息进行存储、计算、加工，极大地优化了财务管理流程。在这一阶段，财务管理的工作主要集中在基础数据的处理上，通过计算机系统对大量财务数据进行自动化处理，显著减少了手工操作的需求。

电子计算机技术的引入不仅简化了数据处理过程，还提升了会计工作的效率和准确性。计算机系统能够快速、准确地执行各种计算任务，包括财务核算、资金流动监控、报表生成等。这一技术的应用有效地减轻了财务人员在数据录入和处理中的负担，降低了人为操作的错误率。此外，系统程序的标准化处理确保了数据的一致性和可靠性，使得财务信息能够以更加规范化的方式进行管理。

财务数字化1.0阶段的财务数据电子化存储方式不仅提高了数据的检索效率，也增强了数据的安全性。通过电子化的存储，财务数据可以更为便捷地进行备份和恢复，从而保障企业的重要财务信息不受损失。这一阶段的技术进步为财务管理的现代化奠定了基础，推动了财务数据处理的自动化和系统化，极大地提升了财务管理的整体效率和质量。

财务数字化1.0阶段的管理引入了电子计算机系统，优化了财务数据处理流程，提升了工作效率，减少了人为错误。这一阶段的技术进步不仅实现了财务管理的初步数字化，也为后续更高级别的财务管理模式打下了坚实的基础。

（二）财务数字化2.0阶段

在财务数字化2.0阶段，企业财务职能经历了显著的扩展，以流程改革与重构为核心，进入了集约化管控的新阶段。这一阶段的财务管理不是仅局限于传统的会计核算和资金管理，而是拓展至全面的财务流程优化和资源整合。

1. 管理职能

在财务数字化2.0阶段，企业财务职能经历了深刻的转型，向综合性和专业化方向发展。这一阶段的管理职能涵盖了财务计划、财务决策、财务控制的综合功能，以应对复杂的财务管理需求。

（1）财务计划方面

数字化2.0阶段的管理职能关注于战略性财务规划，通过系统化的数据分析和预测模型，为企业制定长远的财务战略。这项规划涵盖了预算编制、资金需求预测、财务目标设定等，以确保企业资源的合理配置和有效利用，从而支持企业的整体战略目标。

（2）财务决策方面

财务职能的专业化使得管理层能够依托详尽的财务数据和分析结果进行科学决策。财务决策不仅包括对日常运营资金的管理，还涉及对资本结构优化、投资回报分析、风险控制的综合评估。此阶段的财务管理通过集成的数据系统和决策支持工具，提高了决策的精准性和及时性，增强了企业对市场变化的响应能力。

（3）财务控制方面

财务数字化2.0阶段强调了控制措施的系统化和集约化。通过建立完善的内部控制制度和审计机制，企业能够有效监控财务操作的合规性和数据的准确性。这一阶段的财务控制不仅关注传统的会计核算和资金管理，还涵盖了全面预算管理、税务规划、财务风险防范等方面。集约化管理的实施减少了资源浪费和操作冗余，提高了财务管理的整体效率。

财务数字化2.0阶段的管理职能通过强化财务计划、财务决策、财务控制的整合，使得财务管理更加系统化和专业化。这一阶段的管理模式不仅提升了企业财务操作的效率和精确度，还增强了企业对外部环境变化的适应能力，为企业的长期发展提供了坚实的财务支持。

2. 管理手段

在财务数字化2.0阶段，管理手段的转变集中体现于财务管理系统与软件的深度整合与优化，推动了财务流程的全面数字化和标准化。此阶段的管理手段不仅继承了会计电算化时代的技术积累，还通过更为先进的技术手段实现了财务信息系统的集成，旨在提升整体管理效率和数据处理的准确性。

通过对财务管理系统的整合，企业能够将以往分散在不同平台和部门的数据进行有效汇聚，形成一个统一、集成化的财务管理平台。这种系统整合的管理手段使得企业能够更全面地掌握财务状况，并在此基础上进行精细化的管理和控制。集成化的平台促进了各个财务功能模块之间的无缝衔接，实现了信息流和资金流的高效协同，从而提高了财务管理的透明度和响应速度。在此基础上，标准化管理手段得到了进一步强化，成为推动财务流程优化的重要工具。标准化手段通过统一的操作规程和数据处理流程，降低了操作风险，减少了人为干预，提高了数据的一致性和准确性。这一阶段的财务管理手段还重视流程的自动化和智能化，通过引入自动化工具和技术，企业能够大幅度提升财务操作的效率，减少手动操作的误差，确保财务数据的及时性和可靠性。

同时，管理手段的优化体现在对财务数据的深入分析和应用上。通过集成化的数据管理平台，企业能够更加精准地进行财务预测和风险评估，支持决策的科学性和有效性。财务数字化2.0阶段的管理手段不仅提高了日常财务操作的效率，还赋予了财务管理更为战略性的功能，使其能够更好地服务于企业的整体发展战略。

（三）财务数字化3.0阶段

财务数字化3.0阶段标志着企业进入了以全面信息技术为手段、以业财融合为重心的运营管理新阶段。在此阶段，财务管理不仅仅依托于传统的财务工具和方法，而是广泛应用先进的信息技术，推动财务与业务的深度融合，形成更加高效、智能的运营管理体系。

1. 管理职能

在财务数字化 3.0 阶段，财务管理不仅实现了业务交易等基本处理工作的全面自动化，还在专家型财务管理领域取得了广泛的发展，逐步转变为企业发展的战略伙伴。随着信息技术的不断进步，财务数字化 3.0 阶段的管理职能在自动化方面取得了重大突破。通过高度集成的财务系统，企业能够实现对业务交易和基本处理工作的全面自动化。这种自动化不仅提升了财务操作的效率，还大幅度减少了人为干预和操作错误，使得财务数据的处理更加准确和及时。自动化的实现使财务部门能够将更多精力集中于战略性任务，从而提升了整体管理效能。

财务数字化 3.0 阶段的管理职能体现了自动化技术的广泛应用和专家型管理的深入发展，使财务管理在企业中发挥了更加战略性和综合性的作用。这一阶段的转变不仅提升了财务管理的效率和准确性，还加强了财务部门对企业业务发展的支持能力，促进了企业的持续增长和战略成功。

（1）在专家型财务管理方面

财务数字化 3.0 阶段的管理职能扩展了其应用范围。财务管理的角色从传统的记录和报告职能，转变为在业务决策和战略制定中发挥积极作用的战略伙伴。这一转变表现在财务部门不仅提供基础的财务数据支持，还参与业务的各个层面，为企业战略制定和运营优化提供深入的分析和建议。专家型财务管理的扩展使财务管理能够更好地融合到企业的核心业务流程中，推动了业务与财务的紧密结合。

（2）在与业务的关系方面

财务管理不再仅仅是一个支持性部门，而是成为企业发展的战略伙伴。这一阶段的财务职能强调财务管理与业务运营的协同，确保财务策略和业务战略的一致性。通过与业务部门的紧密合作，财务管理能够更有效地支持企业的战略目标，实现资源的优化配置，提升企业的整体绩效和竞争力。

2. 管理手段

在财务数字化 3.0 阶段，管理手段不仅继承了财务数字化 2.0 阶段的集约化和标准化流程，还通过更为先进的信息技术进一步提高了财务管理的效率和智能化水平。

（1）前沿技术的应用

财务数字化 3.0 阶段充分利用了互联网和物联网等前沿技术，极大地扩展了财务数据的获取和处理范围。互联网技术使财务系统能够实现全球范围内的数据共享和协同操作，提高了数据处理的实时性和准确性。物联网技术通过设备和传感器的实时数据采集，提供了更为详尽的业务和运营数据，增强了财务管理的全面性和深度。

（2）数据驱动的决策支持

财务数字化 3.0 阶段的管理手段强调了数据驱动的决策支持。先进的数据分析工具和人工智能技术的应用，使得财务数据的分析不仅限于历史数据的整理，而且能够进行动态预测和趋势分析。这种数据驱动的方法提高了财务分析的科学性和预见性，支持企业在复杂环境中作出更为精准的决策。

（3）操作的高效

智能化的财务系统集成了自动化处理、智能预测、风险管理等功能，使财务人员能够更加高效地完成财务报表编制、预算管理、财务监控等任务。智能化的系统不仅减少了人工干预的需要，还提高了操作的准确性和一致性，从而优化了财务流程的效率。

管理手段的变革使得财务职能在企业中的角色得到了显著拓展。财务部门从传统的会计核算支持角色转变为业务决策的重要合作伙伴。通过集成化的管理系统和智能化的工具，财务管理不仅提供了基础的财务信息，还在企业战略制定和运营优化中发挥了积极作用。这样，财务部门能够更加有效地支持企业的发展战略，实现资源的优化配置和风险的有效控制。

二、数字化财务管理的发展趋势

财务数字化管理从 1.0 阶段到 3.0 阶段的发展为企业管理者提供了管理手段，也沉淀了大量的数据资源。随着数字经济的来临、数字化技术的变革，财务管理逐步产生数字特征，以不断的创新发展全面引领企业的价值创造。

（一）财务核算全流程的自动化

财务核算全流程的自动化代表了数字化财务管理领域的发展方向，其核心在于利用先进的技术手段提升财务管理的效率与精确性。传统财务核算依赖于人工操作，容易导致信息滞后、错误率高、效率低下等问题。随着数字化技术的不断进步，财务管理逐渐从事后核算转向实时核算，实现了全面自动化。这一转变不仅简化了操作过程，也显著提高了财务信息处理的速度和准确性。

1. 大幅度减少了财务核算中的重复性和低附加值的任务

财务处理、报表编制、纳税申报等任务，通常具有固定的规则和大规模的业务量，容易被标准化和程序化。通过财务机器人的引入，这些任务能够在业务发生的同时自动完成。自动化系统基于预先设定的财务规则，自动执行计量、记录、监控、预警、报送、稽核等多项操作，使得财务流程更加流畅、可靠，减少了人为干预的必要性，进一步降低了出错的风险。

2. 实现了信息的实时性转换

在财务信息处理方面，这一特性使企业能够在第一时间获取准确的财务数据，极大地增强了信息的及时性和决策的科学性。传统的财务信息处理通常存在滞后性，这种滞后不仅限制了企业对市场变化的反应速度，也影响了管理决策的有效性。通过自动化技术的应用，财务信息的生成和传递变得更加快速和高效，为企业的经营决策提供了更加可靠的依据。

3. 大幅提升了财务监控的连续性

财务监控从传统的定期检查转变为持续性的实时监控，使得企业能够随时掌握财务状况的变化。通过自动化系统的实时数据分析，企业可以及时发现潜在的风险并采取相应措施，确保财务管理的安全性和稳定性。这种连续监控不仅提高了风险管理的能力，也使得财务管理更加主动和前瞻。

4. 实现了从人为判断偏误向精确分析的转变

自动化系统基于大数据和先进算法，能够更准确地识别财务风险，并发出及时的预警。这种精确性提高了企业对风险的应对能力，使其能够在潜在问题发展成为实际危机之前采取行动。

5. 推动了财务人员角色的转变

随着自动化系统承担了更多的操作性任务，财务人员的工作重点逐渐转向战略分析、数据解读、决策支持。这种转变不仅提升了财务管理的战略价值，也促进了企业财务管理与整体运营目标的深度融合。

通过实现财务流程的全面自动化，企业不仅提高了财务管理的效率和准确性，也为未来的智能化管理奠定了坚实的基础。这一趋势不仅是技术进步的体现，更是财务管理理念与实践的深刻变革，标志着企业在全球化竞争中提升核心竞争力的重要一步。

（二）财务共享服务的互动化

财务共享服务的互动化体现了企业在数字化转型背景下对财务管理模式的革新。

1. 高效的数据共享机制

通过构建高度集成的数据传导网络，财务共享服务中心有效地实现了数据跨平台和跨场景的高效流通与重复使用。这一数据网络的搭建，不仅提高了各部门对数据的获取与应用能力，还确保了数据的即时性和准确性，满足了企业各部门对个性化数据需求的多样性。这种高效的数据共享机制进一步增强了企业内部各个功能部门之间的协同效应，从而推动了企业整体运营效率的提升。

2. 智能化和自动化

数字化技术的深入应用使财务共享服务从传统的数据核算中心向更加智能化和自动化的方向演变。通过引入机器人流程自动化（robotic process automation，RPA）、光学字符识别（OCR）等前沿技术，财务核算流程得以高度自动化，减少了人为操作的干预。这一转变不仅提高了财务数据处理的速度和准确性，也解放了财务人员，使其能够将更多精力投入高价值的财务分析和决策支持工作中。这一过程中，财务共享服务中心逐渐从单纯的核算职能转变为企业数据服务的核心枢纽，承担起更为复杂和战略性的任务，进一步强化了财务部门在企业中的重要性。

3. 数据资源高度汇聚与优化

通过整合企业内外部的各种数据资源，出现了实现数据赋能新业务、新应用的支撑性平台数据中台，有效打破了传统专业领域的界限，使得数据资源得以高度汇聚与优化。这一过程中，数据的提纯与加工不仅提升了其应用价值，还通过可视化的方式使财务信息更加直观、透明，便于企业进行科学决策。数据中台的建立不仅提高了财务数据的利用效率，还使财务信息成为企业战略决策的重要支持工具，从而进一步提升了企业在市场竞争中的应对能力。

4. 优化数据流通与应用效率

财务共享服务的互动化通过优化数据流通与应用效率，使企业在资源配置、战略决策、运营管理方面实现了全方位的提升。这一互动化的财务管理模式，不仅促进了企业内部各部门之间的协同合作，还通过高效的数据支持，帮助企业在复杂的市场环境中保持竞争优势。通过财务共享服务的互动化，企业能够更加精准地捕捉市场变化，优化资源配置，并在此基础上实现更加可持续的发展目标。

（三）财务决策深度的智能化

现代数字化技术不仅扩展了财务分析的视野，还革新了传统决策的方式。传统财务分析主要依赖于企业内部的数据和资源，现在通过先进的技术手段，企业能够获取和分析大量的非结构化和半结构化数据。这些数据来源不仅包括企业自身的运营数据，还涉及行业动态、监管信息、竞争对手情况等外部资源。这种数据扩展显著增强了财务决策的深度。企业可以在决策前进行更为全面的风险预测，通过对外部数据的采集与分析，预测潜在的市场风险和机遇。在决策过程中，实时的数据评估能够帮助管理层及时调整策略，以适应动态变化的市场环境。在决策后的阶段，基于全面数据的业绩分析则提供了对决策效果的深入评估，从而为未来的决策提供宝贵的反馈和改进建议。

此外，数字化技术的引入带来了可视化展示和智能模型的应用，这些工具为财务决策提供了更直观和实时的支持。大屏展示技术将复杂的数据和分析结果转化为易于理解的视觉信息，帮助决策者快速掌握关键数据并做出及时反应。智能模型具备自主学习的能力，能够不断优化分析过程和预测准确性，使得决策依据更加精确和全面。这些技术的融合不仅提升了决策的效率，也增强了决策的科学性，为企业的战略制定和运营管理提供了强有力的支持。

第二节　数字化财务管理的目标与原则

一、数字化财务管理的目标

随着信息技术的飞速发展和数字化转型的深入，企业面临着前所未有的变革机遇和挑战。在财务管理领域，数字化已成为推动企业效率提升和竞争力增强的关键因素。在数字化时代，企业财务管理的目标呈现出更为复杂和多维的特点。财务管理不再局限于传统的资产增值和成本控制，而是拓展到了数据驱动的决策制定和风险管理。

数字财务目标的设定不仅仅是对传统财务目标的延续，更是对其在数字化背景下的深度优化与拓展。数字化转型促使企业财务管理从单纯的价值守护转向价值创造，成为企业战略发展的核心驱动力。数字化的财务管理目标不再局限于利润最大化或股东财富最大化等单一指标，而是通过整合业务对象、业务流程、业务规则，构建一个全方位、多层次的财务管理体系。

在数字化背景下，财务数据作为企业的核心资产，要求具备高度的共享性与可转移性。财务活动不仅包括传统的记账与核算，还涉及对大数据的实时分析和动态管理，以确保财务信息的准确性和时效性。新技术的应用人工智能和大数据分析等进一步推动了财务活动的自动化与智能化，使企业能够在瞬息万变的市场环境中保持竞争优势。

数字财务目标的实现依赖于对信息资源的高效管理与创新思维的持续推动。企业必须不断优化业务流程，以适应数字化转型的要求，并通过多元化的发展策略，平衡各利益相关者的需求。这不仅提升了企业的整体价值，还增强了企业应对风险的能力和市场竞争力。在此过程中，财务管理的创新模式成为企业长远发展的关键，帮助企业在实现财务目标的同时，保持战略灵活性和运营效率。

财务管理的数字化转型强调了实时监控和风险管理的重要性。通过数字化工具和技术，企业能够实时监测财务状况，及时识别并规避潜在的财务风险。这种转变不仅优化了企业内部管理流程，还加强了对外部环境变化的敏捷反应能力，使企业在全球化竞争中占据有利位置。

二、数字化财务管理的原则

（一）业财融合原则

业财融合原则代表了企业财务管理模式的根本转型，核心在于将财务活动与业务活动深度整合，实现业务流、资金流、信息流的有机统一。这一原则不仅是企业管理决策的基石，更是企业在数字化时代提高运营效率与竞争力的关键。

在业财融合的框架下，财务人员在业务发生之前就已经深入了解业务的运作状况，并从企业整体价值的角度对业务进行预判与考察。这一过程不仅涉及传统意义上的财务预算，还要求财务人员预测未来业务活动对企业现金流、其他业务部门、企业战略、企业整体价值的潜在影响。通过这种前瞻性的分析，财务人员能够为业务部门提供有价值的参考信息，帮助其在决策过程中考虑财务因素的影响，起到咨询专家的作用。

在业务活动进行的同时，财务人员通过数字化工具获取实时的业务数据，结合企业的整体价值观进行绩效评价，并及时识别潜在的风险点。这种实时的反馈机制使得业务部门能够迅速调整策略，优化业务流程，从而提高企业的运营效率与财务健康度。因此，财务人员从传统的被动核算者转变为业务的积极参与者与顾问，进一步推动了企业内部的协同与创新。

业财融合原则的实施有助于企业在复杂的市场环境中保持灵活性与竞争力。通过实时获取和分析业务数据，企业能够更迅速地作出财务决策，并在业务发展的各个阶段提供支持和改进建议。这种深度融合的财务管理模式，不仅提高了企业的整体运营效率，还增强了其在全球化市场中的应对能力与可持续发展潜力。数字财务背景下，业财融合原则无疑是推动企业财务管理转型的重要力量，为企业在未来的商业竞争中奠定了坚实的基础。

（二）数据决策原则

数据决策原则的核心在于通过逻辑驱动的分析过程，将海量的数据转化为具有实际决策价值的信息。这一过程不仅仅依赖于传统的市场调研、资料收集与整理，还包括更为深入的总结与推理。企业通过这一逻辑框架对市场进行评估，从而作出精准的经营决策。这种逻辑行为的形成通常需要大量地学习、思考、培训、实践，且过程复杂、代价高昂。大数据与人工智能技术的出现，显著降低了这一过程的成本，提升了决策的效率与精准度。

在大数据时代，数字的泛滥使得数据决策面临着新的挑战。数字本身只是符号，没有内在意义，且可读性有限，不能直接为决策提供依据。因此，首要任务是将原始的数字转化为可用的数据。通过系统的数据加工与处理，企业能够从中提炼出具有实际应用价值的信息。然而，数据并不具备智能化思维的能力，无法主动提出问题或持续发问。数据的价值在于其所反映的问题，通过适当的加工与分析，数据能够为企业提供有力的决策支持。企业利用大数据进行决策，需要做好以下三点：

（1）需要获取与企业相关的一切数据

这不仅包括企业内部的经营数据和财务数据，还应涵盖竞争对手、客户、供应商的公开资料。数据的准确性是决策的基础，在收集过程中必须确保数据的真实性与完整性。只有建立在真实数据之上的决策，才能为企业带来预期的效果。

（2）在数据收集与整理完成后，构建企业级数据库

通过分类管理，确保相关人员能够方便地获取所需的数据资源。一个结构合理、管理完善的数据库，能够有效支持企业的各项决策活动，并提高信息的利用效率。数据库不仅是数据存储的工具，更是企业信息管理的核心平台，为后续的数据分析与决策提供了坚实的基础。

（3）开发企业大数据分析工具

面对海量的数据，仅靠人工分析已经无法满足企业的需求。因此，必须借助先进的分析工具，对数据进行系统性挖掘与处理，识别出隐藏的趋势性规律。这些工具不仅能够提高数据的可读性，还能够通过可视化手段，将复杂的分析结果以易于理解的形式呈现给决策者。这样，企业管理层能够基于清晰、准确的信息，作出更为科学和高效的决策。

数据决策原则的实施，需要企业在技术与管理层面都进行深度的变革与创新。通过合理应用大数据与人工智能技术，企业能够极大地提升其决策的精准度与响应速度，从而在竞争激烈的市场环境中占据有利地位。数据驱动的决策模式，不仅是企业管理的未来趋势，也是实现企业持续发展与创新的关键途径。大数据时代为企业提供了前所未有的机会与挑战，科学的数据决策原则正是企业把握机遇、应对挑战的核心工具。

第三节　数字化财务管理的主体与职能

一、数字化财务管理的主体

数字化财务管理的主体涵盖了企业内部与企业外部两个层面，这些主体的互动与协作决定了数字化财务管理的有效性与全面性。

（一）企业内部主体

1.财务部门

在数字化财务管理的背景下，财务部门的角色和职责经历了显著的转变。这一转变不仅反映了财务管理职能的演变，也体现了数字化技术对传统财务运作模式的深远影响。

财务部门传统上主要承担财务数据的记录、整理、报告，核心职责包括对财

务信息的后期核算、财务报告的编制、财务合规性的监督。然而，随着数字化技术的广泛应用，财务部门的职能逐步从事后核算向实时监控和预测分析转变。这一转变使得财务部门不再仅仅是数据的管理者和报告者，而是成为企业战略决策的重要支持者和业务优化的推动者。

在数字化环境下，财务部门的角色已经扩展到数据分析和洞察提供。借助大数据分析、人工智能等技术，财务部门能够实时获取和处理大量的业务数据，从中提取出有价值的财务信息。这些信息不仅包括传统的财务数据，还涵盖了与企业运营相关的各种指标。财务部门通过对这些数据的综合分析，可以提供更为准确的财务预测和趋势分析，支持企业的战略规划和决策制定。

此外，财务部门在数字化管理中承担了更多的业务协作职能，与业务部门的协同变得更加紧密。财务部门不仅需提供财务数据，还需与业务部门共同分析业务模式，评估运营效果。这种协同关系促进了数据的实时共享和问题的及时解决，使得财务部门能够在业务决策过程中发挥更积极的作用。

在技术和数据驱动的环境中，财务部门的职能也需要与信息系统的建设相匹配。现代财务部门必须具备强大的数据管理和分析能力，还需要与信息技术部门紧密合作，确保财务系统的稳定运行和数据安全。此外，财务部门的人员需要具备相应的技术技能和数据分析能力，以适应新的职责要求。

财务部门的转型不仅体现在传统职能的变革方面，还包括在企业整体战略中的地位提升。在数字化财务管理的背景下，财务部门不仅是财务数据的管理者，更是战略支持者和业务优化者。通过积极使用数字化工具和技术，财务部门能够更有效地服务于企业的全面发展和长远目标。

2. 业务部门

传统上，业务部门主要负责企业的日常运营和业务活动，与财务部门的互动往往限于提供基础的财务数据。随着数字化技术的普及，业务部门在数据提供和协同方面的职能得到了显著扩展。

（1）记录和报告业务活动数据

在数字化财务管理体系下，业务部门不仅需要准确地记录和报告业务活动数据，还需要保证数据的实时性和完整性。数字化工具和平台的应用要求业务部门在业务活动发生的过程中及时上传相关数据，并确保数据的质量。数据的准确性对于财务部门进行有效的分析和决策至关重要。因此，业务部门必须建立健全的数据记录和管理机制，以支持财务部门的实时数据需求。

（2）与财务部门之间的有效协作

业务部门的运营数据和财务数据之间的无缝对接，要求业务部门与财务部门之间保持紧密的沟通与合作。通过协同工作，业务部门能够提供实时的业务数据和市场信息，帮助财务部门进行更全面的财务分析和决策支持。这种协同不仅提升了数据的准确性，还促进了财务决策的及时性和科学性。业务部门与财务部门之间的有效协作，有助于减少信息的传递滞后和数据的重复录入，从而提高整体业务流程的效率。

（3）对数据的理解和解读

业务部门在数据提供和协同过程中的责任，包括对数据的理解和解读。业务部门需要对其提供的数据进行详细分析和解释，以帮助财务部门更好地理解数据背后的业务背景和趋势。这种深度的业务数据解读，有助于财务部门制定更加精准的财务计划和策略，从而推动企业的全面发展。

业务部门在数字化财务管理中的角色，从传统的单纯数据提供者转变为数据的主动管理者和财务部门的协同合作伙伴。这一转变不仅增强了业务部门在财务管理中的作用，也促进了企业整体的数字化转型和业务优化。通过加强数据提供的准确性和提升与财务部门的协作效率，业务部门能够为企业创造更大的价值和竞争优势。

3. 管理层

传统的管理层主要负责制定企业的战略目标和方向，同时监督和评估组织的运营表现。随着数字化工具和技术的普及，管理层在决策支持和战略制定过程中，必须更为依赖和整合来自财务部门和业务部门的数据与分析。

（1）提供数据

数字化财务管理系统提供了大量实时的数据和信息，不仅涵盖了企业的财务状况，还包括市场趋势、业务绩效、运营效率等方面的内容。管理层需要利用这些数据进行综合分析，以支持决策过程。通过数字化平台，管理层能够实时获取关键绩效指标（key performance indicator，KPI）和业务分析报告，从而在快速变化的市场环境中做出科学的决策。这种数据驱动的决策支持不仅提升了决策的准确性和及时性，也增强了管理层对企业运营和战略方向的掌控能力。

（2）提供工具和方法

在战略制定方面，数字化财务管理赋予了管理层新的工具和方法来制定和调整企业战略。管理层可以利用先进的数据分析工具和预测模型，对市场趋势和内部业务数据进行深入分析，从而识别潜在的机会和风险。这种基于数据的战略制定方法使管理层能够制定更加精准的战略目标，并进行适时的调整。通过对财务数据和业务数据的综合分析，管理层能够更好地理解企业的财务状况、资源分配和投资回报，从而优化战略决策，推动企业的长远发展。

（3）实施战略

数字化技术支持管理层进行战略实施和绩效监控。通过实时数据监控和分析，管理层能够及时评估战略实施的效果，并根据实际情况调整战略方向。这种动态调整能力使得管理层能够在快速变化的市场环境中，保持战略的灵活性和适应性，从而确保企业的持续竞争优势。

在数字化财务管理环境中，管理层的决策支持与战略制定能力得到了显著提升。通过有效利用数字化工具和数据分析技术，管理层能够更加科学地进行决策支持，并制定出更加精准和适应性强的企业战略。这一转变不仅增强了管理层对企业整体运营和战略发展的掌控能力，也推动了企业在数字化时代的持续成长和成功。

（二）企业外部主体

1. 技术提供商

在数字化财务管理体系中，技术提供商的主要职责在于为企业提供先进的数据平台与工具支持。这些技术提供商通过开发和提供创新的技术解决方案，使企业能够在财务数据管理、分析、决策过程中实现高效性和准确性。

（1）数据平台

技术提供商设计和实施的数据平台，能够处理和整合来自不同来源的大量数据。这些平台通常具备强大的数据处理能力，能够实时采集和处理企业内外部的数据，确保财务信息的及时性和准确性。通过建立集中的数据存储和管理系统，技术提供商帮助企业优化数据流通和使用，从而提升财务数据的整体质量和一致性。

（2）工具

技术提供商所提供的工具，如财务分析软件和数据可视化工具，增强了企业对财务数据的分析和解读能力。这些工具能够将复杂的财务数据转化为易于理解的图表和报告，使管理层能够更清晰地把握财务状况和业务趋势。这种分析能力不仅支持决策过程，还助力企业发现潜在的业务机会和风险，从而推动战略调整和优化。

（3）智能化技术

技术提供商通过不断创新和升级，推动财务管理工具的智能化和自动化。这些进步包括机器学习算法和人工智能的应用，它们能够自动进行数据处理和预测分析，从而减少人工干预和错误。这种智能化的技术支持提升了财务管理的效率，并增强了企业对未来财务状况的预测能力。

技术提供商通过数据平台和工具支持，为企业的数字化财务管理提供了重要的技术保障。通过提供高效的数据处理系统、先进的分析工具、智能化的技术解决方案，技术提供商在提高企业财务管理效率和决策准确性方面发挥了关键作用。这些技术支持不仅优化了企业的财务流程，还推动了整体业务的数字化转型。

2. 监管机构

在数字化财务管理体系中，监管机构负责制定和实施政策法规，推动合规要求的落实，并通过监督检查维护市场的稳定性和透明度。其作用不仅在于规范企业的财务行为，还在于推动企业在数字化进程中保持合法合规，从而促进财务管理的规范化和标准化。

（1）制定政策法规

通过制定财务管理和报告的政策框架，监管机构确立了企业在财务管理中的规范要求。这些政策和法规通常涉及财务报表的编制标准、数据披露要求、内控措施及其他财务管理规范。监管机构的这些政策旨在确保企业的财务报告真实、准确且符合行业标准，从而保护投资者利益，维护市场的公平性和透明度。

（2）监管合规性

在数字化转型的背景下，监管机构积极推进和完善财务数据的合规要求。这包括对企业在数据采集、处理、报告过程中的技术和流程进行规范，确保企业在应用数字化工具时遵守法律法规。例如，数据隐私保护和信息安全方面的规定，要求企业在处理敏感财务数据时采取必要的保护措施，以防止数据泄露和滥用。监管机构推进和完善这些合规要求，有助于保障企业在数字化转型过程中的数据安全与合法性。

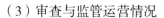

（3）审查与监管运营情况

监管机构的监督职能不仅限于政策制定和合规要求的设定，还包括对企业实际运营情况的审查与监管。通过定期审计、检查、评估，监管机构能够及时发现并纠正企业在财务管理过程中存在的违规行为和潜在风险。这种监督机制确保了企业在遵循财务管理规范的同时，能够有效地控制和防范财务风险，从而提升企业的整体治理水平。

3. 投资者与股东

在数字化财务管理体系中，投资者与股东对于企业财务信息的准确性、及时性、透明度有着高度的关注，这直接影响其对企业的投资决策和股东权益的保护。

（1）内容实时而详尽

投资者与股东对财务信息的需求包括对企业财务状况、经营成果、未来预期的全面了解。数字化财务管理系统通过提供实时和详尽的财务报告，满足了投资者与股东对数据即时获取的需求。这种实时信息的提供使得投资者与股东能够随时掌握企业的经营状况和财务情况，从而作出更加精准的投资决策。

（2）提升透明度

数字化工具的应用在提升财务信息透明度方面起到了关键作用。数字平台和信息系统能够将复杂的财务数据通过数据可视化技术呈现，使其更加直观和易于理解。这种可视化处理不仅增加了信息的透明度，还帮助投资者与股东更好地分析和解读企业的财务表现及其变动趋势，从而增强其对企业财务状况的信心。

投资者与股东的权益保护有赖于透明的财务信息和数据的有效传递。数字化财务管理系统通过提供详尽的财务报告和预测分析，帮助投资者与股东更好地了解企业的经营风险和财务健康状况。这种透明度的提升不仅减少了信息不对称带来的风险，也为股东在企业决策中的参与提供了数据支持，从而促进了企业治理结构的完善和股东权益的保障。

（3）增强规范性和一致性

数字化财务管理系统增强了信息披露的规范性和一致性。通过标准化的财务报告和自动化的信息披露流程，企业能够确保其财务信息符合既定的法规和标准。这种规范化的披露方式有助于减少信息的不对称现象，提升投资者与股东对企业财务信息的信任度,确保其能够基于准确和全面的信息作出投资决策。

二、数字化财务管理的职能

在传统财务职能的基础上,数字财务的基本职能可以分为财务核算、资金管理、税务管理、预算管理、成本管理、绩效管理、风险及内控管理。其中,财务核算、资金管理、税务管理共同构成企业的财务会计职能;预算管理、成本管理、绩效管理、风险及内控管理共同构成企业的管理会计职能。

(一)财务会计职能

1. 财务核算

随着信息技术水平的提升,传统模式下所开展的财务核算已经难以适应企业进一步发展需要。现阶段,企业要主动对财务核算模式进行更新,在信息技术支持下,提高财务管理水平。财务核算涉及对企业财务活动进行系统性记录和管理。通过成本管理、应收付账款管理、总账管理等环节,财务核算确保了企业各类财务活动的合规性与透明性。成本管理作为财务核算的基础,提供了关于企业资源使用效率的详尽分析,有助于控制和优化企业成本结构。应收付账款管理通过有效监控企业的资金流动,确保了企业的财务稳健性与现金流的稳定性。总账管理负责将企业的各类财务信息进行系统整合,形成准确的财务报告,为企业决策提供了可靠的依据。通过这些环节的有机结合,财务核算不仅保证了企业财务活动的合法合规,还为财务信息的准确性和合理性提供了坚实的保障,从而支持企业在市场中的持续发展与竞争力的提升。

2. 资金管理

资金管理涉及对企业资金流动的全方位掌控。通过资金的统一收付,确保了企业资金的集中化管理,提高了资金利用效率,并优化了资金配置。企业债务债权的管理在资金管理中占据关键地位,直接影响企业的财务健康与市场信誉。融资管理是资金管理的另一重要环节,通过科学合理的融资安排,企业能够有效获取所需资金,支持业务拓展和战略目标的实现。在全球化背景下,全球资金调度的管理显得尤为重要,这一过程不仅涉及对不同市场间资金的跨境调动,还需要考虑汇率波动带来的潜在风险。汇率风险的管理在资金管理中起着防范金融风险、保障财务稳定的重要作用。这些管理工作的有机结合,不仅确保了企业资金的高效运作,还为企业的长期可持续发展提供了有力支持。

3. 税务管理

财务会计职能中的税务管理贯穿于企业运营的各个阶段。税务管理不仅涉及对企业税务负担的合理筹划，还包括对税务信息的精确核算与报告。通过税务筹划，企业能够在合规的基础上优化税务支出结构，增强财务透明度，从而有效降低税务风险。税务核算确保了税务信息与财务数据的高度一致性，为企业的税务申报提供了坚实的依据，确保税务申报的准确性与及时性。在面对税务检查时，税务管理体系通过全面而系统的准备，保障企业能够从容应对外部审查，维护其财务的合法性与合规性。这一系列环节的紧密协作，使税务管理不仅是财务会计职能的核心部分，还为企业的稳健发展提供了重要保障。

（二）管理会计职能

1. 预算管理

在企业资源配置与战略规划中，预算管理通过制定资源管理机制和目标平衡机制，确保了企业资源的有效利用与优化配置。预算目标的设定基于企业整体战略，明确了各部门和业务单元的资源需求和绩效指标，为企业的运营和发展提供了清晰的指引。预算编制过程在充分考虑内外部环境的基础上，细化了各项财务计划，确保各项资源分配的合理性与可行性。在预算执行环节，通过对各项预算的严格执行与实时监控，企业能够动态调整资源配置以应对市场变化。同时，预算执行的分析报表提供了详尽的财务数据和绩效分析，为管理层提供了决策支持。这种系统化的预算管理不仅提升了企业的财务控制力，还增强了企业在复杂市场环境中的适应能力和竞争力。

2. 成本管理

成本管理作为管理会计职能的重要组成部分，注重通过全面成本管理理念的应用，提升企业在资源利用和成本控制方面的精细化水平。全面成本管理理念是运用成本管理的基本原理与方法体系对企业经营管理活动实行全过程、广义性、动态性、多维性成本控制的基本理论、思想体系、管理制度、机制和行为方式。在这一框架下，成本管理并不局限于传统的成本核算，而是通过将成本转化为可对象化的费用，将各项成本细化为与具体业务活动直接相关的可测量要素。此举使得成本的提取维度更加精准，从而为企业提供了更为详尽和可靠的财务数据支持。

通过这种精准的成本提取方式，企业能够更加清晰地了解各项资源的消耗情况及其对整体运营的影响，进而在决策过程中实现更高的透明度和科学性。全成本管理理念不仅有助于企业优化资源配置、降低运营成本，还为企业在复杂多变的市场环境中保持竞争优势提供了坚实的基础。精细化的成本控制使得企业能够有效识别并管理潜在的财务风险，同时提升了运营效率和盈利能力。

在这一管理模式下，成本管理不仅仅是财务控制的手段，更是企业战略管理的重要工具。通过将成本与具体业务活动紧密挂钩，企业得以实现对成本的动态监控和精确调控，确保资源的最佳配置和利用。全成本管理理念的实施为企业提供了更为科学的成本分析和决策依据，促进了企业在成本控制与战略目标实现之间的平衡，推动了企业的可持续发展和长期竞争力的提升。

3. 绩效管理

绩效管理在企业运营中通过系统化的经营业绩评估与预测、考核评价和管理报告出具，为企业的战略实施提供了坚实的基础。

（1）深入分析

经营业绩评估不仅关注当前的财务成果，还通过深入分析各业务单元的表现，揭示企业在不同层面的运营效率。绩效预测基于历史数据与市场趋势，帮助企业预见未来的经营环境，并据此调整战略方向。这一过程确保了企业能够在不断变化的市场中保持灵活性与竞争力。

（2）全面评估

考核评价旨在通过量化指标和科学评价方法，对各部门及员工的工作表现进行全面评估。通过这一过程，企业能够清晰地识别出高效运营的领域和需要改进的环节，从而促进整体绩效的提升。考核结果不仅为员工的职业发展提供了明确的导向，还为企业的资源配置和激励机制提供了重要依据。

（3）综合分析

管理报告的出具是通过综合分析经营业绩与考核结果，为企业高层决策提供了详细而可靠的参考。这些报告不仅呈现了企业的财务状况，还反映了各项战略举措的实施效果，为企业制定下一步的发展计划奠定了基础。绩效管理通过这些系统化的流程，确保了企业在战略实施、资源配置、人才发展方面的协调统一，为企业的长期可持续发展提供了有力支持。

4. 风险及内控管理

风险及内控管理的主要目标在于识别、评估并有效应对可能影响企业运营的各类风险。

（1）风险管理

风险管理涉及系统性地识别各种潜在风险，包括市场风险、信用风险、操作风险等。通过对这些风险的详细评估，企业能够了解自身面临的风险性质和潜在影响，从而制定出针对性的应对策略。

（2）内控管理

内控管理通过建立并维护内部控制系统，使企业能够确保运营过程的规范性与安全性。这些内部控制措施包括财务控制、业务流程控制、合规控制，旨在通过系统化的监督和检查，防范财务舞弊，提高业务操作的效率，并确保企业活动的合法性和合规性。有效的内控管理体系不仅帮助企业降低了风险发生的概率，还增强了企业对已识别风险的应对能力。通过持续的内部审计和控制评估，企业能够及时发现并纠正内部控制中的缺陷和不足，确保控制措施的有效性和适时性。内控管理的实施有助于提升企业的透明度和治理水平，从而增强外部利益相关者对企业的信任和满意度。

在综合运用风险管理和内控管理的过程中，企业能够构建起全面的风险防范体系和高效的控制机制。这种系统性的管理方式不仅有助于企业应对外部环境的不确定性，还优化了内部管理流程，促进了企业的稳定发展和持续改进。

第四节　数字化财务管理的框架体系

在新技术驱动下，企业要想实现财务数字化转型，需要创建财务数字化框架体系，以支撑和约束财务部门的活动。财务数字化体系应当包含数字化的财务系统、交互化的管理系统、智能化的决策支持系统。

一、数字化的财务系统

数字化的财务系统在当代企业管理中占据了核心地位，其建立和应用是财务数字化转型的基础。该系统依托于先进的信息技术，包括人工智能、机器人流程自动化（RPA）、大数据分析，结合具体的财务管理准则和企业内部需求，构建了一个全面化、智能化的财务管理平台。这一系统不仅极大地提升了财务管理的效率性和准确性，还推动了传统财务管理模式的根本性变革。

在数字化财务系统的构建过程中，业务系统和运营系统的整合是基础工作之一。通过与业务系统的对接，财务系统能够实时获取与业务活动相关的数据，从而实现对财务数据的即时处理和分析。这种实时性不仅提升了数据处理的效率，也增强了财务信息的准确性，帮助企业在复杂多变的市场环境中做出快速而精准的决策。运营系统的结合确保了财务管理与企业运营的无缝对接，使得财务数据能够与运营数据相互支撑，形成全面的业务视角。

第一，人工智能的应用在数字化财务系统中发挥了重要作用。通过机器学习和智能算法，系统能够对历史财务数据进行深入分析，预测未来的财务趋势。这种预测能力使企业能够提前识别潜在的财务风险，并采取相应的预防措施。人工智能技术的引入不仅提升了财务管理的智能化水平，还增强了系统的自适应能力，使其能够根据实际业务情况动态调整财务策略。

第二，机器人流程自动化（RPA）技术通过自动执行重复性、规则驱动的任务，减少了人工操作的需求，并降低了人为错误的发生率。这一过程的自动化不仅提高了工作效率，还优化了财务流程，确保了财务数据的准确性和一致性。RPA技术的应用使得财务人员能够将更多的精力投入战略性分析和决策支持，从而提升了整体财务管理的价值。

第三，大数据技术的应用进一步加强了财务系统的数据处理和分析能力。通过对海量数据的收集、存储、分析，企业能够获得更为详尽的财务信息，并从中提取有价值的信息。大数据分析不仅能够揭示财务运营中的潜在问题，还可以提供针对性的改进建议。这种数据驱动的决策支持方式，使企业能够在财务管理中实现更高水平的精准控制和优化。

数字化财务系统在设计和实施过程中，必须遵循相关的财务准则和税务规则。财务准则为财务数据的处理和报告提供了规范化的框架，确保了财务信息的透明性和公正性。税务规则规定了企业在税务申报和管理中的具体要求，确保了企业在遵循法律法规的同时，能够有效控制税务风险。数字化财务系统通过对这些准则和规则的自动化应用，确保了企业财务活动的合规性，降低了因操作不当导致的法律风险。

二、交互化的管理系统

交互化的管理系统通过技术赋能，促使管理系统从传统的封闭式模式向开放、共享、智能的方向转变。新一代信息技术的广泛应用，使得财务管理不再仅限于财务部门内部，而是与整个企业的运营系统、业务系统紧密相连，形成了高度集成的管理生态。借助信息技术，企业能够将分散的海量数据进行全面整合与分析，包括资金、税务、业务、费用、人事、行政等多维度的数据。这种数据的整合不仅提高了数据的准确性与时效性，更重要的是为决策提供了坚实的基础。

在管理系统的交互化过程中，数据的统一与共享成为核心。数据的孤岛现象曾经是企业管理中的重大挑战，分散、孤立的数据难以为整体决策提供支持。通过构建统一的流程管理和协同平台，企业能够有效地消除这些数据孤岛，将各个系统中的数据联动起来，形成一个融合共享的统一数据库。这个数据库不仅仅是数据的集合，更是一个动态的数据流。通过商业智能工具与应用程序接口工具，数据能够在不同的管理环节之间流动，为流程管理、规则管理等提供精准的支持。

在交互化的系统中，数据成为管理的核心要素。决策者能够基于实时更新的统一数据库，依托智能化的分析工具，作出更为科学、精准的决策。与此同时，交互化的系统增强了管理的透明度与可控性，减少了人为因素的干扰，使得管理更加规范、高效。这种基于数据的管理系统，使得企业能够更加灵活地应对市场变化。通过整合多维度的数据，企业能够及时捕捉市场动态，迅速调整战略，保持竞争优势。同时，交互化的系统还促进业财融合，使得财务管理不再局限于财务报表的编制与审计，而是深入业务流程的各个环节，形成了财务与业务一体化的管理模式。这种模式不仅提升了企业的整体管理效率，还增强了企业的抗风险能力。

在技术的推动下，管理系统的交互化已经成为企业数字化转型的重要组成部分。随着信息技术的不断发展，管理系统将会更加智能化、集成化，为企业创造更大的价值。通过交互化的管理系统，企业不仅能够实现内部资源的优化配置，还能够通过数据赋能，推动创新与变革，实现长期可持续发展。

三、智能化的决策支持系统

实现数据赋能是财务数字化转型的核心目标，实现智能化的决策支持是数字化转型成功的标志。在数字化体系中，合格的智能化决策支持系统应当能够借助大数据、云计算等新技术发挥数据的价值，通过数据分析来支持决策的制定，实现数据赋能。智能化的决策支持系统主要具备以下三个功能模块：

（一）实时监控模块

实时监控模块在智能化决策支持系统中的主要功能是通过物联网和人工智能技术，对财务流程进行全面的实时监控与处理。借助物联网技术，实时监控模块能够捕捉并传输来自各个财务节点的数据，确保数据的高效流动和精确传递。这种高效的传输能力使得财务数据在被采集后，能够迅速进入系统进行进一步分析与处理，从而大幅缩短了数据从生成到应用的时间差，提升了财务管理的时效性。

人工智能技术为实时监控模块注入了智能化的处理能力。系统可以在海量数据中自动识别异常情况，并根据预设的规则进行初步处理，确保财务流程的稳定运行。实时监控模块不仅关注当前数据的状态，还能够通过对历史数据的深入分析，预测未来可能出现的财务状况。这种预测能力使得企业能够提前识别潜在的财务风险，并采取相应的预防措施，从而减少不确定性对企业经营的影响。

在智能化决策支持系统中，实时监控模块的作用不仅在于数据的收集与处理，更在于为决策提供动态支持。通过实时的数据反馈与智能化的分析处理，系统能够为企业决策者提供及时、准确的财务信息，助力其在复杂的市场环境中做出更为迅速而有效的决策。这种实时监控能力的提升，使得企业能够在瞬息万变的市场中保持灵活性与竞争力，进一步推动了财务管理的智能化与现代化进程。

（二）报表分析模块

通过新技术的应用，报表分析模块实现了对财务报表的智能化、标准化、移动化、可视化分析。

1. 智能化

智能化分析赋予报表分析模块以数据处理的先进能力，使企业能够迅速获取经营业绩的精确评估。这种智能化的特点不仅提升了报表数据的准确性，还增强了数据的可操作性，为管理层提供了科学的决策依据。智能化的实现依赖于自动化的算法与分析工具，通过消除人为操作的误差，保证了数据处理的一致性与高效性，使得企业的财务分析更具信度与效度。

2. 标准化

标准化处理确保了财务数据的统一性和可比性。通过标准化的处理，企业能够在不同的业务单元之间实现数据的统一管理，进而消除因数据格式不统一带来的分析误差。标准化的应用不仅提高了财务报表的可理解性，还为企业的长远规划提供了稳定的数据基础。统一的数据格式和分析标准，使得不同层级的管理者能够在相同的分析框架内进行交流和决策，从而促进了企业管理的透明化与规范化。

3.移动化

移动化分析功能的引入为报表分析模块带来了更大的灵活性。移动化分析使得决策者能够随时随地获取最新的财务信息，从而在瞬息万变的市场环境中做出快速反应。通过使用移动设备访问财务报表的功能，打破了时间和空间的限制，确保了决策过程的连续性与及时性。移动化分析不仅提高了数据的可及性，还使企业在应对市场变化时能够保持高效的管理节奏，从而增强了企业的应变能力与竞争优势。

4.可视化分析

可视化分析功能为报表分析模块增添了数据展示的直观性与洞察力。通过将复杂的财务数据图形化，决策者能够更容易地识别出经营业绩中的关键趋势和潜在问题。图形化展示不仅简化了数据的解读过程，还为决策者提供了更直观的分析视角，使企业能够更精准地调整经营策略。可视化的应用增强了数据的表达效果，使得财务管理不仅限于数字的罗列，更成为企业战略制定的有力工具。通过对财务数据的全面可视化分析，企业能够在竞争激烈的市场中保持前瞻性与精确性，实现更高效的管理和更稳健的发展。

报表分析模块的智能化、标准化、移动化、可视化能力共同作用，构建了一个高效、灵活、直观的财务分析体系。这一体系为企业经营决策的制定与优化提供了坚实的依据，不仅提升了决策的科学性与准确性，还推动了企业整体管理能力的不断提升。

（三）风险预警模块

通过大数据技术的应用，风险预警模块能够有效制定精准的风险指标，并对海量财务数据进行全面分析。风险预警模块的核心功能在于利用大数据的强大计算能力，对复杂且庞大的财务数据集进行深度挖掘和智能判别，从而识别出潜在的财务风险。通过这种智能化的分析，系统能够在海量数据中捕捉到微小的异常变化，并依据设定的风险指标，判断出可能对企业经营造成威胁的因素。这一过程大大提高了风险识别的准确性和时效性，使企业能够在早期阶段就发现问题，并迅速采取相应的应对措施。

风险预警模块不仅依赖于对数据的分析，还通过数据的可视化处理，将潜在风险以直观的方式呈现给决策者。可视化处理使得复杂的财务数据和分析结果变得更加易于理解，决策者可以通过直观的图表或其他可视化形式，迅速掌握企业当前面临的风险状况。这种数据的可视化展示不仅提高了信息的传达效率，也增强了决策者对风险形势的敏感度，使得风险管理决策更加科学、准确。

此外，系统能够在识别出风险信号的同时自动发出预警通知，为管理层提供及时的风险提示。这种自动化的预警机制确保了风险信息的即时传达，使企业能够在最短时间内作出反应，减少风险带来的潜在损失。通过风险预警模块的智能判别与自动预警功能，企业的风险管理能力得到了显著提升，进一步增强了其在不确定性环境中的抗风险能力。

风险预警模块通过对大数据的深度应用、智能化的风险识别、自动化的预警机制，构建了一个全面而高效的风险管理体系。这一体系不仅提升了企业对风险的感知与应对能力，还推动了企业整体管理水平的现代化与智能化，使得企业在复杂多变的市场环境中能够更为从容地应对各种挑战，确保企业持续稳健地发展。

第三章　数字化财务管理的实践进路

在当今数字化时代，企业财务管理正经历着前所未有的变革。本章深入探讨数字化财务管理的实践进路，旨在为企业管理者提供一条清晰的转型路径。本章剖析了数字化财务管理的实施路径，为企业指明了从传统到现代的转变方向；深入讨论管理模式的创新，强调数字化技术在优化管理流程中的关键作用；聚焦管理平台的构建，展示了如何利用技术平台提升财务管理的效率和透明度；强调数字化着重于实施保障，确保数字化转型的顺利进行。通过本章的系统阐述，读者将获得一套全面的数字化财务管理实施策略。

第一节　数字化财务管理的实施路径

一、确立理念基础

数字化财务管理的实施路径，首要在于确立理念基础。企业在推动财务数字化管理的进程中，必须优先确保理念的先行，强化组织、技术、管理、价值保障的协调配合，从而消除可能存在的理念障碍，为财务数字化管理的顺利推行奠定坚实基础。理念的确立和深化，可以从以下方面进行系统性考量。

（一）数字智慧型组织的变革

数字智慧型组织的变革是财务数字化管理实施中的核心环节，其重要性不仅在于数字化技术的引入与应用，更在于企业组织形式的再造与优化。数字化管理的有效实施要求企业构建与数字化技术相匹配的组织结构，以便更好地适应并支持这些技术的应用。通过组织的合理变革，企业能够在结构上为数字化技术的高效运行奠定坚实基础，使数字化技术的潜力得到充分释放。

数字智慧型组织的建设涉及对现有组织模式的深度调整，以确保其能够灵活应对数字化技术的动态需求。传统的组织形式不适应新兴技术的应用需求；数字智慧型组织的构建旨在打破这种局限，建立起一种更为灵活、高效的结构形式，使企业能够在面对不断变化的市场环境时保持竞争优势。在此过程中，组织变革不仅是形式上的调整，更是管理理念和文化的深层次转变，企业需要在组织变革中注入更多智能化、数字化的元素，以提升整体的运行效率和反应能力。

数字智慧型组织的形成不仅是企业应对数字化转型的策略选择，更是适应新时代经济形势和科技发展的必然要求。在这种新的组织形式下，数字化技术不再是独立运作的工具，而是深度嵌入企业运营的每一个环节，成为驱动企业发展的核心力量。通过组织结构的调整，企业能够更好地整合内外部资源，提升运营效率和决策质量，从而在财务管理的数字化进程中占据更有利的地位。

数字智慧型组织的变革不仅为数字化技术的应用提供了必要的组织保障，也为企业在未来的竞争中打下了坚实的基础。通过不断优化和调整组织形式，企业将能够更好地适应数字化技术带来的变革，并在此基础上实现持续发展和创新。

（二）高效能的内部控制

企业在实施财务数字化管理转型时，必须构建安全、可靠、高效的内部控制制度，以确保数字化技术的安全应用和信息的有效保护。企业内部控制制度应涵盖以下三个方面的内容：

1. 控制制度需要确保数字化系统的访问权限得到严格管理

这要求对系统访问进行细致的权限分配，并实施强有力的身份验证机制，以防止未经授权的人员访问敏感财务信息。此外，对数据传输和存储过程中的加密保护也是内部控制制度的重要组成部分。加密技术的应用可以有效防止数据在传输和存储过程中被窃取或篡改，从而保护企业财务信息的安全。

2. 内部控制制度应包括对数字化系统的定期审计和监控

这一措施旨在及时发现和纠正系统中的潜在漏洞或不合规操作，从而减少安全风险。审计和监控可以帮助企业识别系统中的异常活动，并采取相应的修正措施，确保系统运行的持续安全性和稳定性。

3. 内部控制制度应明确各方责任，建立完善的责任追究机制

在财务数字化管理过程中，涉及的各个环节和部门应有明确的职责分工，并建立相应的责任追究机制。这一机制可以确保各方在数字化管理中的职责得到有效履行，从而提高系统的整体安全性。

随着数字化技术的不断进步，内部控制制度需要不断进行调整和完善，以适

应新的技术环境和安全挑战。企业应建立起动态更新的内部控制机制，以确保其控制制度能够与时俱进，始终保持对信息安全的有效保护。在财务数字化管理的变革过程中，建立和维护高效能的内部控制体系，是保障信息安全和企业运营安全的基础。这种控制体系不仅有助于提升财务管理的整体效率，还能为企业在数字化转型过程中提供坚实的安全保障。

（三）多维化精益的管理

在当前快速发展的数字化环境中，企业面临着前所未有的管理挑战，尤其是在实施数字化财务管理方面。有效的数字化管理不仅依赖于技术的先进性，还必须依托于精益的管理模式。为此，企业必须在数字化转型之前对自身的管理模式进行深度优化与完善，以推动多维化精益管理理念的构建与模式升级。此过程旨在识别并解决管理环节中的潜在盲区，清除意识上的障碍，以实现管理思维的全面提升。

1. 多维化精益管理的核心在于综合性和深度

多维化精益管理不仅强调管理的精细化和高效性，还关注管理过程中的每一个环节，以确保各个层面和维度都能协调一致，形成有效的管理体系。企业在推进多维化精益管理时，需要从整体上对管理流程进行系统性分析和优化。这样做能够帮助企业发现潜在的问题，并在数字化技术应用过程中提前采取措施，避免因管理疏漏而影响整体效益。

2. 多维化精益管理要求企业构建全面的管理思维框架

这一框架不仅涉及技术和流程的优化，还包括组织文化的调整和人员素质的提升。通过培养组织成员的精益管理意识，企业能够确保每一位员工都具备高效应用数字化技术的能力，进而提高整体管理水平。这样的管理模式能够有效促进信息流的畅通，提升决策的准确性，从而为企业创造更高的价值。

3. 多维化精益管理需要关注与数字化技术的深度融合

在这一过程中，企业必须不断调整和完善管理模式，以适应技术的发展和变化。数字化技术的应用不仅要求企业具备先进的硬件和软件设施，还要求企业在管理层面上实现高度的整合和协同。通过多维化精益管理，企业能够更加有效地利用数字化技术，实现资源的最优配置和运营的最大化效率。

多维化精益管理不仅是数字化转型成功的基础，也是提升企业整体竞争力的重要途径。通过对管理模式的优化与升级，企业能够有效识别并解决管理中的问题,提升管理水平,从而更好地应用数字化技术,实现持续发展与竞争优势的提升。

二、夯实管理基础

(一)夯实云信息存储与管理基础

财务大数据的存储与管理作为数字化转型的核心,要求企业在技术与管理两个方面同步发力。

1. 技术层面

企业应当主动引入前沿的数字化技术,着力构建体系化的财务数字化管理硬件系统。这一系统的建立不仅要具备高效、稳定的特性,还必须能够突破现有的技术障碍,消除硬件方面的壁垒,以保障财务数字化管理的顺利展开。硬件系统作为支撑财务管理数字化的重要基础设施,其先进性与可靠性直接影响到数字化管理的整体成效。

2. 管理层面

企业应注重人才的培养与队伍建设。随着数字化技术的引入,财务管理的复杂性与技术要求显著提高,企业必须确保相关人员具备足够的数字化知识和技能。为此,企业应当对涉及财务数字化业务的员工进行系统性培训和继续教育,打造一支具备高水平财务数字化能力的人才队伍。通过持续的学习与培训,员工能够熟练掌握新引入的数字化工具和技术,从而有效支持财务数字化管理的实施。

这种管理与技术的双重夯实,确保了企业在财务数字化转型中的基础稳固,为进一步的变革与发展提供了坚实保障。

(二)打造以计算机数据为核心的生态圈

在企业推进财务数字化管理变革或升级的过程中,财务管理作为企业信息流的核心环节,承担着巨大的数据处理与分析任务,其管理的财务信息不仅是当前业绩计量与评价的重要依据,还为未来的经营决策提供了重要参考。因此,面对财务数字化管理所引入的庞大数据量,企业必须具备强大的数据处理能力,以确保财务信息的有效管理与利用。

为了应对这一挑战,企业需要构建一个以计算机数据建模和人工智能技术为核心的生态圈。该生态圈的建立,不仅能够提高财务数据处理的效率,还能够最大限度地挖掘财务数据的潜在价值。通过引入先进的计算机数据建模技术,企业能够实现对财务数据的精准分析，从而为管理决策提供更为科学的支持。此外，人工智能技术的应用使得财务信息的处理和预测变得更加智能化和自动化，进一步提升了财务管理的效率。

在这个以数据为驱动的生态圈中，财务部门能够更好地应对海量信息的挑战，确保所有数据得到及时、高效的处理，避免因数据积压而导致的信息资源浪费。通过这一生态圈的构建，财务数字化管理不仅能够提升企业的运营效率，还能够为企业的长远发展提供有力的支持，推动企业在数字化浪潮中实现高质量发展。

三、构建管理体系

（一）提升财务数字化多环节的管理能力

财务数字化管理体系的建设涉及的不仅是数字化技术的应用和设备的引进，更在于全面提升财务管理的多维度整合能力。实现财务管理流程的多节点数字化和多环节管理一体化，旨在通过深度整合和优化财务操作流程，提升企业的整体管理效能。这种综合性的提升不仅关乎技术层面的变革，更涉及管理理念和操作模式的根本性重塑。

1. 提升管理能力

提升财务数字化多环节的管理能力，就要求企业在数字化转型中建立全面的数字化管理框架。这一框架需要涵盖从数据采集、处理、分析到决策支持的各个环节。每个环节的数字化不仅要实现技术上的升级，更应注重系统的整体协同，以确保各个数字化模块能够无缝对接，形成统一、高效的管理体系。这种系统性的整合能够减少操作的重复性和冗余，提高业务流程的透明度和可追溯性。

2. 关注数据流和信息流的高效融合

在实现财务管理流程多节点数字化的过程中，企业需要关注数据流和信息流的高效融合。数字化的财务管理系统应当支持来自多个业务节点的数据汇总和实时分析，形成系统化的数据支撑和决策依据。这一过程要求企业不仅具备先进的技术工具，还需要建立完善的数据治理体系，确保数据的准确性和安全性，从而为企业的决策提供可靠的支持。

3. 各个环节整合成一个管理体系

财务数字化管理的多环节一体化强调将财务管理的各个环节有机地整合在一

起，形成一个协调一致的管理体系。这样的整合不仅能够提高财务管理的整体效率，还能够通过实时数据共享和业务流程的优化，降低运营成本并提升业务响应速度。实现这一目标需要企业在技术实现的同时，优化管理流程，推动业务和财务的深度融合，从而在实际操作中形成合力，提升整体运营水平。

（二）建立财务数字化全流程生态体系

在构建财务数字化管理体系时，建立一个完整的财务数字化全流程生态体系不仅涉及个别流程的信息化和数字化，更应关注整个业务财务流程的全面整合与协同。财务数字化的目标是实现业财融合，使得所有相关流程能够在信息化和数字化的支持下，相互支撑、兼容、协作，从而形成一个完整的生态体系。

在财务数字化全流程生态体系中，各个数字化流程通过高度的互联互通，不仅提高了信息交换的速度，还显著降低了交易成本。信息流的快速流动和高效处理减少了传统运营中的摩擦，使得企业能够在更加灵活的环境下运作。这种全流程的数字化转型能够使企业在面对市场变化时迅速做出响应，从而在竞争中占据优势。

全面的信息化和数字化带来的优势不仅仅体现为操作的高效性，还包括对数据的深入分析和利用。通过构建这样一个生态体系，企业能够在业务和财务管理中实现更高程度的整合，优化资源配置，提高决策的准确性与及时性。这种系统化的整合和协同效应，最终推动财务数字化全流程生态体系逐步取代传统财务管理模式，为企业的高质量发展提供坚实的基础。

第二节　数字化财务管理的管理模式

一、数据驱动的决策模式

数据驱动的决策模式在数字化财务管理中具有核心地位，关键在于通过实时数据的采集与分析，实现精准的财务预测与预算管理。

（一）实时数据采集与分析

实时数据采集与分析的作用不仅在于提升数据处理的效率，更在于推动管理模式的革新。

1. 实时数据采集

通过实时数据的采集，管理者能够在短时间内获取大量的、精准的数据资源，为后续的决策提供有力支持。相比于传统的定期数据采集方式，实时数据的获取能够更加及时地反映市场和业务环境的变化，使得管理决策可以与外部环境保持同步。这种动态的数据获取方式，使得管理者能够在短时间内识别潜在问题，作出快速反应，从而优化企业的运营效率。

2. 实时数据分析

实时分析的过程是在数据采集之后，将其转化为有价值的信息的关键步骤。实时分析通过运用各种先进的分析工具和算法，能够在数据生成的瞬间对其进行处理和解读。此种分析不仅能够识别出当前业务的运行状态，还能够预测未来的发展趋势。通过这种方式，管理者不仅能对当前的运营情况有清晰的了解，还能够基于数据分析结果制定更加精准的战略规划。这种以数据为驱动的决策方式，不仅能够降低企业在面对市场变化时的风险，还能够提升企业在复杂环境中的应变能力。

（二）基于数据的精准预测与预算

基于数据的精准预测与预算的核心价值在于通过数据驱动的方式提升决策的科学性与可操作性。

1. 数据的精准预测

精准预测依托于海量的数据资源和先进的分析模型，能够在动态复杂的市场环境中提供具有前瞻性的建议。这种预测不仅限于当前业务的表现评估，更着眼于未来的趋势分析。通过对历史数据的深入挖掘和实时数据的整合分析，管理者能够构建出更加可靠的预测模型，从而在不确定性中找到最佳的发展路径。这一过程的核心在于将复杂、杂乱无章的数据转化为明确、具有实际指导意义的信息，确保管理者在制定长期战略时具备坚实的数据信息支持。

2. 数据的精准预算

预算管理在精准预测的基础上实现了资源的最优配置。通过精准的预测，预算编制不再依赖于经验或主观判断，而是基于数据模型的科学计算。通过对不同方案的成本效益分析，预算编制能够更加精确地匹配企业的战略目标与现实需求。管理者可以通过数据驱动的预算方案，确保资源的分配与使用能够最大限度地发挥其经济效益，避免资源的浪费与错配。同时，基于数据的预算管理能够实时监控各项财务指标的执行情况，及时调整预算方案以应对市场变化，保障企业的财务稳定与健康发展。

二、流程自动化管理模式

财务流程的自动化设计的核心目标在于通过技术手段实现业务流程的精简与效率提升。

（一）财务流程的自动化设计

财务流程的自动化设计在当代企业管理中展现出巨大的价值，其核心在于通过技术手段将复杂的财务操作转化为标准化的自动化流程，从而显著提升运营效率与精确性。自动化设计的实施是基于对现有流程的深入分析，目的是消除冗余，简化操作，确保数据处理的连贯性和一致性。通过自动化的设计，财务流程得以优化，各环节之间的衔接更加顺畅，信息流动更加高效。这种技术驱动的管理方式，不仅提升了数据处理的速度，还提高了财务报告的准确性与及时性，助力企业在竞争激烈的市场环境中保持灵活应对能力。

自动化设计不仅是对财务流程的简单优化，更是对管理模式的深刻变革。通过将重复性强、复杂的操作任务转化为自动化流程，企业得以解放大量人力资源，使管理层能够集中精力于战略性决策与创新活动。这种变革使得财务管理从烦琐的日常操作中脱离出来，转向更加智能化、数据驱动的管理模式。财务流程的自动化设计不仅提升了操作的准确性与一致性，还降低了人为操作的风险，确保了财务数据的安全性与完整性。

此外，自动化设计为企业的风险管理与合规控制提供了新的技术支撑。通过预设的标准化流程与严格的审核机制，自动化系统能够有效防范操作失误与违规行为的发生，提升了企业整体的管理水平。企业通过自动化设计实现了流程的实时监控与数据的透明化，使得管理者能够在财务流程的各个环节中保持高度的掌控力。这种控制力使企业在面对不确定性时，能够快速作出反应，及时调整运营策略，从而增强企业在市场中的竞争力。

随着信息技术的不断进步，财务流程的自动化设计将在企业管理中发挥更为重要的作用。未来，企业将通过进一步优化自动化流程，借助人工智能与大数据分析等先进技术，实现更为智能化的财务管理模式。自动化设计不仅是提高运营效率的工具，更是企业应对复杂市场环境、实现可持续发展的重要保障。通过不断推进自动化设计的应用，企业将能够在激烈的市场竞争中保持领先地位，推动财务管理走向更加智能化和现代化的方向。

（二）机器人流程自动化（RPA）的应用

RPA通过模拟人类在计算机系统中的操作，将复杂、重复的任务自动化，使得企业能够在不改变现有系统架构的情况下，实现流程的优化与资源的高效配置。这一技术的应用在财务管理领域尤为显著，不仅减少了人为操作的误差与风险，还提升了数据处理的速度与一致性。

RPA的应用不仅限于简单的任务自动化，更为深远的影响在于推动了企业管理模式的转型。通过引入RPA技术，企业可以实现实时监控与动态调整，使得管理流程能够更为灵活地适应市场变化与业务需求。RPA不仅能够处理大量重复性的工作任务，还能够通过数据的持续积累与分析，为决策提供可靠的依据，从而增强企业的竞争力与市场应变能力。这种技术驱动的管理方式，使得企业在复杂多变的环境中，能够迅速调整策略，优化资源配置，保持运营的高效与稳定。

在提升效率的同时，RPA为企业的合规管理提供了新的解决方案。通过预设规则与自动化流程，RPA能够确保各项操作符合既定的政策与法规，减少人工操作中可能出现的违规行为。自动化流程的透明性与可追溯性，使得企业在风险控制与合规管理方面更加稳健。RPA的应用不仅优化了内部流程，还提升了企业整体的运营质量与财务透明度，成为企业在数字化转型中不可或缺的工具。

随着技术的不断发展，RPA在企业中的应用场景将进一步扩展与深化。未来，RPA将与人工智能技术相结合，为企业提供更加智能化、个性化的解决方案。这一发展趋势表明，RPA不仅是当前企业流程自动化的重要工具，更将成为未来智能企业管理模式的重要组成部分。通过持续推动RPA技术的创新与应用，企业将能够在全球化与数字化的浪潮中，保持竞争优势，实现可持续发展。

三、信息集成与共享模式

信息集成与共享模式在现代企业管理中展现出巨大的潜力，核心在于通过信息系统的集成与协同，实现数据流动的无缝衔接与资源的高效配置。

（一）信息系统的集成与协同

信息系统的集成与协同是现代企业管理中不可或缺的核心环节，其关键在于通过技术手段打破信息孤岛，实现系统间的无缝对接与数据共享。

1. 信息系统的集成

信息系统集成的本质在于将分散、异构的信息系统通过统一的平台进行整合，使得企业内部的各种数据和应用能够高效地互联互通。这种集成不仅促进了信息的流动，还提升了数据的一致性与准确性，从而提高了企业内部的协作效率。集成的信息系统能够将企业不同部门或业务单元中的信息资源整合在一个统一的框架下，解决了传统信息系统中存在的数据重复、信息孤立的问题。这种统一的信息管理平台，使得各部门能够实时获取与共享信息，从而实现信息的即时传递与处理，提高了整体运营的协同性与效率。在信息系统集成的基础上，企业能够实现更加高效的业务流程管理与决策支持，减少了因信息不畅导致的操作延误与决策失误。

2. 信息系统的协同

信息系统的协同是信息系统集成的进一步发展。通过协同机制，企业内部的不同系统与部门能够在信息共享的基础上实现更深层次的合作。这种协同不限于数据的共享，还包括业务流程的协同与资源的优化配置。通过协同机制，企业能够在复杂的业务环境中迅速响应市场变化，提升组织的灵活性与适应能力。这种高度协同的模式使得企业能够实现对资源的最佳配置与利用，优化了业务流程，提高了运营效率。

信息系统的集成与协同不仅提升了信息处理的速度与准确性，还优化了企业内部的运营效率。集成与协同的实施为企业提供了更强的数据支持，使管理层能够在全面掌握信息的基础上作出更加精准的决策。这种技术驱动的管理模式，推动了企业在信息化背景下的转型与升级，为企业的持续发展提供了坚实的基础。随着信息技术的不断发展，信息系统的集成与协同将继续在企业管理中发挥重要作用，助力企业在竞争激烈的市场环境中保持优势，实现可持续增长。

（二）云计算与大数据平台的应用

1. 应用的核心

云计算与大数据平台的应用的核心在于提供灵活、可扩展的计算和数据处理能力，以满足复杂的业务需求。云计算与大数据平台的结合进一步提升了企业信息管理的能力。云计算的基础设施支持大数据平台的大规模数据存储与处理，大数据平台的分析能力为云计算提供了强大的数据驱动支持。这种结合使得企业能够在海量数据的背景下，实时获取业务运营的关键指标，并进行深入的分析与预测。企业通过这种技术组合，能够实现数据资源的高效利用，提高业务运营的灵活性与响应速度，进而增强市场竞争力。

（1）按需分配的服务模式

云计算通过虚拟化技术将计算资源、存储资源、应用服务提供给企业用户，这种按需分配的服务模式使得企业能够在无须大规模投资硬件基础设施的情况下，迅速获取所需的计算能力和存储空间。云计算的弹性与可扩展性，支持企业根据业务需求的变化动态调整资源配置，从而有效应对市场波动和业务增长带来的挑战。

（2）处理和分析数据

大数据平台通过处理和分析海量数据，提供了对业务运营及市场趋势的深刻洞察。大数据技术能够从结构化和非结构化数据中提取有价值的信息，通过先进的分析算法识别潜在的趋势与模式，为企业的战略决策提供数据支持。大数据平台的应用不仅提升了数据处理的效率，还增强了数据分析的深度与精度，使得企业能够在复杂的市场环境中做出更加精准的预测和决策。

2. 应用企业提供安全保障

云计算与大数据平台的应用为企业提供了更高的安全保障。云服务提供商通常会实行高度的安全措施，保护企业数据免受未授权访问和数据丢失的风险。同时，大数据平台通过数据加密、访问控制等技术手段，进一步确保数据的安全性与隐私性。这种安全保障措施使得企业能够在享受技术带来的便利的同时，维护数据的完整性与安全性。

第三节　数字化财务管理的管理平台

随着数字化技术的发展，企业财务管理的质量将直接影响到企业的发展。而财务管理的数字化则是一个长期的工作，只有对企业的运作情况有了全面的认识和了解，才能有效地发挥其功能，使之与可持续发展相适应。财务管理工作的质量是保证企业经营质量的关键因素，对推动国民经济和社会发展具有重要意义。因此，在数字化的大环境下，员工应充分运用财务共享的方式，提高工作效率，提高公司财务管理的整体素质和水平。

一、改变资金核算方式

通过引入财务共享模式，企业能够有效地优化资金核算流程，降低传统财务管理中由于人工操作而导致的低效和错误风险。在传统的财务管理模式中，财务人员需要花费大量时间与精力对企业庞大的业务数据进行汇总与核算，这一过程的延迟和复杂性往往影响了财务决策的及时性与准确性。数字化财务管理的实施，通过利用先进的信息技术，使得财务数据能够实时采集和处理，从而显著提升了数据管理的效率与质量，减少了人为因素对数据准确性的影响。

（一）提升执行力

企业在推动财务共享模式的过程中，需要注重执行力的提升。执行力的高低直接影响到财务管理的效果与效率，企业管理层应当通过完善的管理制度和明确的工作流程，确保各项财务活动能够顺利进行。在财务共享模式下，企业通过统一的信息平台，实现各类财务信息的集中管理与分析，不仅提高财务决策的科学性，也能够增强企业对市场变化的应变能力。与此同时，通过合理的权限分配与管理，企业能够在保持管理集中度的同时，给予下属单位足够的操作空间，促进各单位在统一的战略框架下自主开展工作，从而推动企业整体财务管理水平的提升。

（二）培养财务人员

在推动数字化财务管理的过程中，企业应注重相关人员的培训与支持，确保财务共享平台能够被高效、合理地利用。通过系统的培训与日常支持，财务人员能够更好地适应新的管理模式，从而发挥出财务共享平台的最大效能。这不仅有助于提高财务管理工作的质量，也为企业的长期发展提供了坚实的财务保障。

总之，构建数字化财务管理的策略，不仅是技术的革新，更是管理理念与方式的变革，企业通过这一策略的实施，能够在竞争激烈的市场环境中保持优势地位，推动企业的可持续发展。

二、拓展财务管理职能

在现代企业管理环境中，财务管理不仅仅限于传统的资金核算与报表编制，还涵盖了对企业资源的优化配置和战略支持。财务管理职能的拓展意味着企业能够更全面地掌握和运用财务信息，以支持企业在复杂多变的市场环境中作出明智的决策。通过加强财务管理的深度与广度，企业能够更有效地识别和控制潜在风险，进而确保财务资源的合理分配和使用。

通过云计算与大数据平台的应用，企业不仅能够提升数据处理与分析能力，还能实现业务运营的高效管理与优化。这些技术手段的引入，标志着企业在信息化和智能化管理的道路上迈出了重要一步，为企业在数字化转型过程中提供了强有力的支持和保障。

（一）评估企业整体运营情况

财务管理职能的拓展不仅要求精确的财务数据分析，还需要对企业整体运营情况进行全面评估。财务管理的角色已不再局限于事务性的财务管理，而是向企业的战略层面延伸。通过对企业各项业务活动的财务影响进行分析，财务管理能够为企业的战略规划提供有力支持，从而推动企业实现更高的经济效益。同时，财务管理职能的拓展还包括对外部经济环境的敏锐洞察，帮助企业预见市场变化，调整运营策略，以增强市场竞争力。

（二）有效利用财务信息系统

财务管理职能的拓展体现在对财务信息系统的有效利用上。通过引入先进的信息技术，财务管理能够实现对大量财务数据的实时处理和分析，提供精准的财务预测和分析报告，支持企业在动态环境中快速调整策略。信息技术的应用不仅提升了财务管理的效率，还增强了企业对复杂财务问题的应对能力，使企业能够更好地应对市场的不确定性。

（三）注重企业内部流程的优化和协同

在拓展财务管理职能的过程中，需要注重企业内部管理流程的优化和协同。通过财务管理职能的延伸，企业能够更好地整合内部资源，优化各部门之间的协调与配合，从而提高整体运营效率。财务管理不再是孤立的职能，而是与企业的各项运营活动紧密结合，形成一种全方位的管理模式。这种模式不仅有助于提升企业的财务健康状况，还为企业的可持续发展奠定了坚实基础。

财务管理职能的扩展，使得企业能够在不确定的市场环境中稳步前行，确保财务决策的科学性与前瞻性，为企业的长期发展提供持续的动力。通过不断完善和扩展财务管理职能，企业能够在激烈的市场竞争中占据有利地位，实现更高水平的财务管理和经营效益。

三、提升企业管理效率

企业管理效率的提升意味着资源的最优配置和各项业务流程的顺畅运转，这不仅有助于降低运营成本，还能加快决策过程，从而使企业能够在快速变化的市场环境中保持敏捷性。通过优化管理流程、减少冗余环节，企业能够有效缩短从决策到执行的时间，确保各项战略和政策能够及时落地并产生预期效果。

（一）实现数据共享与协同

在提升管理效率的过程中，现代信息技术为企业管理提供了强有力的工具，使得信息的传递和处理更加高效、精准。通过建立和完善信息管理系统，企业能够实现各部门之间的数据共享与协同工作，从而打破信息孤岛现象，减少信息传递的时间和误差。这不仅提升了管理的透明度，还增强了企业整体的反应速度，使得企业能够更快地捕捉市场机会，作出相应调整。此外，信息化管理系统的应用能够帮助企业实时监控各项业务指标，及时发现并解决潜在问题，从而保障企业运营的连续性和稳定性。

（二）强化内部管理机制的协调与整合

通过对企业内部流程进行系统化梳理，企业能够明确各部门的职能与职责，避免职能重叠和资源浪费现象的发生。有效的协调机制能够确保各部门之间的沟通顺畅，减少内部摩擦和矛盾，提高整体运营效率。在此基础上，企业应建立科学的绩效管理体系，通过对员工和管理层的绩效进行客观评估，激励员工提高工作效率，促进企业整体目标的实现。

（三）促进企业文化的建设和员工的积极参与

一种积极向上的企业文化能够激发员工的工作热情和创新精神，使其在日常工作中主动寻求效率的提升。通过建立明确的目标导向和价值观体系，企业能够将管理效率的提升转化为全体员工的共同追求，从而形成企业内部自上而下的效率提升氛围。与此同时，企业应注重员工的培训和能力提升，使其能够掌握最新的管理工具和方法，为企业管理效率的提升提供智力支持和技术保障。

提升管理效率要求企业具备前瞻性的战略眼光和适应能力。在市场环境日益复杂和多变的背景下，企业必须不断优化管理架构和运营模式，以应对外部环境的变化。通过灵活的管理策略和动态的资源配置，企业能够在激烈的市场竞争中保持竞争优势，确保其长期稳健发展。总之，管理效率的提升不仅是企业内部优化的结果，更是企业应对外部挑战、实现可持续发展的必然要求。

第四节　数字化财务管理的实施保障

一、建立风险管理框架

（一）财务风险及其指标

1. 财务风险

财务风险，顾名思义，就是企业的财务资金有风险，也就是企业对财务的预测与实际不同，会对企业的经营造成不利的影响和后果，会对企业的经营产生不利的作用，进而影响企业的正常运作。企业的财务风险控制指在进行财务管理时，如何采取适当的措施，对其进行有效、合理的控制，从而减少企业的财务风险。由于财务风险具有不确定性，并且无法被充分地掌控，因此任何与企业有关的财务问题都可以被视为财务风险。财务风险是无法避免的，必须采取适当的控制手段将其降到最小化，从而保障企业的权益和经营活动的正常运转。

2. 财务风险指标

财务风险指标是从长期的角度出发，通过建立一系列的指标来分析企业的财务风险，从而预测企业存在的及隐藏的财务风险问题。财务风险指标设置的目的是更好地预测风险，根据财务数据进行风险预测，降低风险或发现潜在的危险问题，这样才能更好地控制风险，从而降低财务风险带来的危害。主要的财务风险指标如下所示：

（1）偿债能力

偿债能力的衡量指标包括流动比率、速动比率、资产负债率。国际上一般认为合理的最低流动比率为 2，速动比率为 1，资产负债率为 40% ~ 60%。如果流动比率很低，就表示企业的资金周转能力很弱，同时反映出企业的资金流动性不强，从而对企业的盈利产生不利的影响。相对于流动比率，速动比率能够更直接地反映企业短期的负债能力。流动比率高不能充分说明企业的短期偿债能力，但通过速动比率可以在某种程度上规避这些风险，保证企业决策的正确性。资产负债率反映了债权人为企业提供的资本所占的比重，也是衡量企业利用债权人提供的资金进行业务活动的能力。

（2）盈利能力

运营企业最看重的就是盈利，主要衡量指标是收入增长、每股基本收益、销售净利率。企业可以从收入增长中看到收入的波动，财务管理人员就可以直接知道收入的变化情况。每股基本收益可以让企业看到自己的运营业绩，也可以用来衡量普通股的盈利水平和风险。也可以选择使用销售净利率来观察销售收入的收益水平。

（3）营运能力

企业的财务风险并不只是资金方面的问题，还涉及业务的运转情况，因此可以采用应收账款周转率和总资产周转率等指标来衡量企业的运营能力。应收账款周转率可以反映出企业的现金流量。如果企业能够快速地回笼资金，那么企业的资金利用就会更加有效，企业的运营效率也会更高。总资产周转率是一种度量企业的资产规模与销售额的比率，如果企业发现资产的周转率在不断地降低，那有可能是因为企业规模扩大导致企业资金匮乏，这时候就应该缩小投资，提高企业的投资能力和销售能力。

（4）财务杠杆系数

财务杠杆系数是普通股每股收益变动率和息税前利润变化率的比率，企业的财务风险程度大小与企业的财务杠杆系数有关。一般情况下，企业的财务杠杆系数越高，企业的财务杠杆效应就会越大，企业的财务风险也越大。企业可以通过合理的资金配置，有效地控制财务杠杆，减少财务风险。

（二）财务风险管理创新策略

1. 建立财务风险数字化管理体系

财务风险不是一件容易被发现的事情，因为它的潜伏期比较长，所以企业的管理者很难发现，也很难处理，再加上如果企业的规模太小，很容易就会被财务风险压倒，很多小的财务风险都会随着时间的推移而逐渐演变成无法控制的大问题，甚至会导致企业倒闭。企业数字化转型，有利于对财务数据进行采集、处理、分析，事前预算控制可以提高财务风险管理的准确性。因此，企业应通过构建数字财务风险管理系统，实现财务管理从核算到价值方向的转变，加强对财务管理的全过程控制，有效地挖掘数据的价值，及时发现和识别财务风险，并通过数据分析，制定出最优的防范措施，以减少财务损失，保障企业利益最大化。

2. 创新财务风险管理机制

在数字化技术的推动下，创新财务风险管理机制已成为企业应对日益复杂的市场环境和不确定性的重要手段。在财务风险管理的实践中，传统的管理模式往往难以适应瞬息万变的市场需求和技术变革。因此，更新现有的财务管理体系并在此基础上进行机制创新，已成为现代企业财务管理的必要之举。

（1）重新设计机构

财务管理的机构需要重新设计，以适应数字化转型所带来的新挑战和新机遇。在此过程中，企业应当根据数字化转型的需求，制定科学合理的奖惩制度，明确各级管理者和执行者的职责，确保在财务风险管理中每个环节的责任到位。同时，通过更新财务管理体系，使其更加适应数字化背景下的业务需求，可以有效提升企业的整体财务管理水平。新系统的设计不仅要包括基础的会计核算、借款、收支、对账、现金管理等工作，还应将这些功能与更为复杂的数据管理体系整合在一起，形成一体化的管理平台，从而提高财务管理的效率和精准度。

（2）专业开发财务管理系统

企业应当聘请专门机构或专业人员来深化财务管理系统的开发，确保其功能与企业数字化转型中的各业务流程高度兼容。这一过程中，系统功能的开发和优化至关重要。通过与企业内各业务模块的数据对接，财务管理系统能够实现高度兼容，提供更加全面和智能的管理功能。这不仅能够确保各模块之间的协调运作，还可以通过数字化改造中的海量数据，对企业的经营状况进行更为精准的评估和判断，从而制定出更加科学和有效的财务经营计划。

（3）建立共用平台

建立多个网络管理系统的连接和共用平台，有助于有效处理财务风险管理中的不及时、不对称、监控乏力和滞后等问题。通过对物流、资金流、信息流的调配和优化，企业可以更好地应对外部环境的变化，减少财务风险的不确定性。在这一过程中，数字化技术不仅是工具，更是推动财务管理创新的关键动力。企业需要通过技术手段，强化对风险的监控和管理能力，使财务风险管理机制更加灵活和有效，从而确保企业在复杂的市场环境中保持竞争力和稳健的财务状态。

3. 打造信息沟通融合的财务系统

在过去的企业经营模式中，各种工作数据、业务数据、财务数据之间存在着一定的不一致性，造成了整个运营系统的复杂性和工作的低效性，同时由于缺乏有效的沟通而产生了财务危机。这一问题的根源在于，企业的业务数据不能通过信息化的渠道输入财务管理系统，而是分散的。各单位各自为政，缺乏及时高效的数据信息沟通和交流，只是按照常规的程序进行简单的信息交流，导致数据传输速度过慢，很可能出现数据错误的现象。在进行下一步计划和结账的过程中，只有通过财务部门的审计和分析才能作出评价，而实际的交易和收入往往会被篡改，失去真实性。当外部的因素介入、干涉时，会导致系统的畸变和工作效率降低。通过对企业进行统一的运营和管理，可以减少运营费用，提高工作的效益，也可以防止因传输过程过于复杂而造成数据扭曲。

在信息化快速发展的今天，财务管理数字化转型的一个最大优点是可以促进资源的共享。资源共享既能实现各个部门的快捷、精确的数据连接，又能让总部与下属子公司之间的沟通更为迅速、便捷，便于企业的经营，也能保证财务数据的真实性，降低数据传输时造成的数据失真情况。

4.创新财务部门人力资源布局

传统企业运营模式中，财务人员的职责通常局限于数据收集和信息分析，这种单一的工作方式在当今动态市场环境中显得不够灵活，难以有效应对市场的快速变化与复杂需求。因此，财务部门必须在数据采集的基础上，结合企业整体运营状况，进行更为深刻的分析与判断，以推动企业在不确定的市场环境中保持有利的竞争态势。

（1）合理布局财务部门的人力资源

财务人员不仅需要具备基本的职业技能，还必须掌握对企业各方面数据的审查能力，并能够对所收集的信息进行及时且高效的评估。这一过程要求财务人员具备敏锐的市场洞察力和长期的发展眼光，能够通过数据分析对企业的财务状况进行全面剖析，并与其他部门协同合作，提出建设性意见，推动企业在激烈的市场竞争中占据优势地位。因此，企业在招聘和培养财务人才时，应注重其专业能力与战略思维的结合，以期在数字化转型中充分挖掘数据的潜在价值。

（2）注重人才

企业需要从内部甄选出具备卓越理财能力的管理人才，并通过持续的培训和考核，不断提升其专业水平和管理能力。同时，企业应引入先进的管理制度，配备高效的领导团队，将信息技术与财务管理有机融合，以提高财务部门的整体效率和决策能力。这种创新的人力资源布局不仅能够有效防范财务风险，还将有助于企业在复杂多变的市场环境中稳步前行，确保企业的财务管理始终保持在健康的发展轨道上。

在此过程中，企业内部的其他管理人员应具备一定的财务分析能力和前瞻性思维，以便在自身职责范围内对企业的财务状况进行有效评估，并提供精准的建议和支持。通过这种全员参与的协同管理模式，企业能够更好地应对市场挑战，实现财务管理与业务发展的双赢局面。最终，通过科学的人力资源布局与管理，财务部门将在企业的数字化转型中发挥更加关键的作用，推动企业实现可持续发展。

二、完善内部控制体系

（一）营造财务控制的环境

1. 完善治理结构

有效的企业治理结构通过明确权力分配、责任界定、资源配置，能够建立起科学的决策机制，从而支持企业的稳健运行。此类结构不仅优化了企业的决策流程，还确保了各个层级的职能与责任的合理分配，提升了整体的管理效率。通过强化治理结构，企业可以实现对财务活动的有效监督和控制，减少潜在的财务风险。

2. 整合企业文化

积极的企业文化能够增强员工的归属感和责任感，推动其在工作中表现出更高的积极性和创造性。通过不断优化企业文化，组织可以在员工中建立起共同的价值观和行为规范，从而提升财务管理水平和整体经营效率。以人为本的文化导向不仅能激励员工的内在驱动力，还能促进团队的合作与协作，进一步推动企业的健康发展。

（二）规范财务运作的过程

1. 合理分配职务权限

（1）针对不兼容的部分岗位

企业要明确不兼容的职位，保证不兼容的职位可以互相监督，形成财务内部的制约。例如核准岗位、业务经办岗位、会计记录岗位、财务保管岗位、监督检查岗位等，杜绝不相容职务由一人担任，避免出现因权力交叉而出现舞弊和掩盖舞弊的情况出现。

（2）权、责、利的平衡

企业财务结构要适当地集中和分散，实现权力、责任、利益的平衡。明确企业内部各部门在企业的财务管理中的位置与责任，并根据各自的工作要求给予相应的权限，从而使企业的运作更加高效。适当的委任能降低不需要的交叉管理，避免管理者滥用权力。企业的权力划分要写在企业的章程上，必要时在企业内部传阅。应定期评价和修改授权的审批，以防止财务上的漏洞和缺陷。

2.改进资金管理制度

通过科学的资金管理，企业能够有效降低因投资决策失误而引发的风险，避免盲目扩张或错失发展机遇。合理的资金管理制度在提高财务报告可信度的同时确保资金链的稳健运作，从而防止资金使用效益低下的情况发生。强化资金管理有助于企业在复杂多变的市场环境中保持财务稳定性和竞争优势，并在实现长期发展目标的过程中提供坚实的财务保障。

3.加大财务成本控制

通过强化成本控制，企业能够在资源配置与使用中实现更高的效率，减少不必要的开支，从而提高利润率。有效的成本控制不仅体现在降低直接费用和运营成本上，还包括对各项间接费用的精细化管理，确保每一笔资金的使用都能为企业带来最大化的价值。财务成本控制的深化要求企业建立健全的管理机制，并通过持续监测与调整，优化成本结构，实现精细化管理。加大成本控制力度，有助于增强企业的财务稳健性，确保企业在市场波动中保持足够的灵活性和抗风险能力，从而支持企业的长远发展目标。

（三）建立激励约束的机制

企业财务控制目标的实现需要管理者、财务专业人员、经营主体的参与，财务管理人员的素质、行为方式、工作的主观能动性等都会对财务控制目标的实现产生不同的影响。员工的工作热情是由企业的物质激励和非物质激励方式、程度等因素决定的。

1.绩效考核

良好的业绩考核系统能够体现企业员工的工作能力和对企业的贡献，能够有效地预防虚假、虚报成本等不良现象，并作为企业对职工进行薪酬管理的基础。

绩效考核通常包含考核目标的确定、考核制度的制定、考核工作的绩效考核。在企业的内部控制中，绩效考核是一个重要的环节，可以让企业的管理者对企业的经营状况有一个比较详尽的了解，也可以为企业后续的财务激励政策的执行打下坚实的基础。考核的对象是企业的各个部门及组织，甚至是所有的工作人员。在绩效评估中，评估的目标是企业的盈利能力、偿债能力、运营能力、发展能力。在进行绩效评估时，必须考虑到非财务因素的影响。企业的主要绩效评估包括市场份额、顾客满意度、技术人员的技术革新等。

企业各部门财务管理人员必须签署《目标责任书》，明确全年企业的总销售目标和分目标、应收账款回收率、应收账款坏账率、净利润目标等。绩效考核既要进行事中控制，又要进行事后控制的绩效考核，这就是在期末与各部门签署的任务责任状相挂钩的基础上，对各部门的绩效进行有效评估。

2. 薪酬激励

在建立薪酬制度的过程中，应将绩效评价与报酬分配的关系有机统一起来，并尽可能地平衡薪酬安排与员工贡献之间的关系，力求在追求效益的前提下实现最大程度的公平性。在企业的薪酬体系中，既要实现内部的合理性，又要体现企业外部的竞争性和吸引力。员工所获得的薪酬，既是对自己劳动的报酬，也是对个人的一种自我评价；既是对以往工作的一种认可，也是对今后工作的一种激励机制。工资不仅是企业对员工创造利益的肯定，更是对其本身价值和未来的展望。所以通常的薪酬，除工资之外，还有企业代缴的年金、保险等福利以及股权激励等福利。

员工对工资差异的关注程度要比工资高，但不同工作岗位和工作能力的差异不可避免地会带来薪资差距。如果没有合适的工资分配制度，那么员工的工作热情就会降低，工作效率就会降低，甚至会出现离职现象，企业也会面临技术和业务秘密被泄露的危险。在工资的经营上，应该提倡"先进"和"公正"两个方面。先进不难理解，就是业绩高。而要实现公正，就必须按照岗位职责、能力等方面对岗位进行定量评价。

第四章　数字化企业财务管理业务流程

在当今全球信息化浪潮的推动下，企业财务管理正经历着前所未有的变革，数字化已成为提升企业核心竞争力的关键要素。随着大数据、云计算、人工智能等技术的迅猛发展，传统财务管理模式面临着效率瓶颈与决策滞后等挑战。本章旨在深入探讨数字化框架下的企业财务核算、全面预算管理、全面成本管理、绩效评价与决策支持。

第一节　数字化框架下的企业财务核算

一、企业财务核算数字化管理模式的框架

在会计核算工作中要实现人机协作，必须从对企业财务核算工作的内涵进行全面的考察，并参照智能财务的总体架构，构建企业财务核算的数字化管理框架。

1. 识别业务需求

运用需求识别矩阵，将各个层次的财务会计流程、工作内容进行分解；同时与机器智能技术相结合，识别流程的数字化应用场景；还要对细化应用场景进行设计，深入挖掘业务的重点和难点，分析各个场景的工作内容和改造思路；并对构建机器智能所需要的算法能力进行简单的分析，进一步验证应用场景。

2. 储存知识数据

收集和训练人工智能所需要的数据资料和专业技能；同时根据企业的运营管理需要和技术实施的可行性，对数据进行取样调查；并且对样本数据进行筛选、清洗、整理。

3. 分析数字技术的相关需求

通过价值驱动因素、技术适应性、流程复杂程度、风险评估结果、企业的执行能力来决定技术的应用水平。

4.发展和测试人工智能的应用技术

基于业务需求的前端识别结果，设计机器学习的基本算法和模型，然后对数据样本进行切割、训练、测试，不断调整和完善人工智能模型。

5.开发和反复优化场景

经过初步培训和调试之后，还需要进行前端设计、模型测试，然后才能进行实际应用和迭代。

二、企业财务核算数字化管理模式的应用

在企业财务会计数字化转型的征途上，通过精准构建需求识别矩阵，对核心业务模块进行精细化解构，并无缝对接至财务作业链的每一环节，显著提升了财务管理的数字化水平。此过程不仅局限于理论的蓝图规划，更深化至实践层面，通过精心设计的应用场景模型，初步勾勒出机器智能赋能财务的未来图景。具体而言，针对核心算法的遴选与数据源的精细规划，奠定了系统智能化的基础。随后，一系列严谨的实验与验证步骤确保了系统的有效性与实用性，这一过程强调了对算法模型的持续优化与迭代，特别是通过科学划分训练集与测试集，以实战数据滋养 AI 模型，进而确保其决策的精准性与任务的执行力。

聚焦于总账至报表这一财务运作的核心轴线，采用矩阵式管理策略，巧妙地将会计工作流程与数字化技术深度融合，探索出人机协同作业的新范式。在此框架下，业务核算流程的四大关键环节（业务申请、单据签批、扫描复核、支付记账）均被赋予了智能化改造的潜力。通过深入分析财务与业务场景的人机协同潜力，成功识别并提炼出多个高价值应用场景，如业务申请信息的智能预审、单据签批环节的多维度智能判定、扫描复核阶段的高级智能复核等，这些创新应用显著提升了作业效率与准确性。"付款申请信息智能校核"与"附件影像信息智能识别"两大应用场景的实证检验，不仅验证了人机协作会计系统的强大生命力，也为企业选择最适合自身发展需求的数字化转型路径提供了宝贵经验。

以下是基于上述的"人"协作的经营模式架构，根据企业财务核算的具体实施途径，分别实施了两种不同的经营模式：

（一）业务申请环节

业务申请环节主要是支付请求信息的智能审核。

1. 业务难点

在办理支付申请时，业务人员会发现科目信息与明细信息不一致。如果在审计期间没有发现支付请求的问题，财务部门必须使用后续的冲销、调整动作来消除问题风险，耗费人力和时间成本。

2. 数字化提升方式

在企业员工完成文字汇总后，通过智能的机器识别和捕捉应用程序中的关键信息，自动地计算出会计账户与管理维度（业务项目）的选择和建议。

3. 具体应用结果

业务人员在填写通用支付申请表格时，填写申请资料（申请日期、支付方式、供应商等）。填写概要信息后，按"确定"键，神经网络会根据企业员工的汇总信息，自动地向"预算项目"和"业务事项"提供 1 ~ 2 个选项。如果业务人员在选定了一个建议后单击"确定"，那么"预算项目""业务事项"将会自动填入相应的信息栏，从而简化了操作流程。每一次操作过程中，机器都能不断地学习、完善校验机制，并能用人工的方法指导机器进行校验。

（二）单据签批环节

单据签批环节主要是附件影像信息智能识别。

1. 业务难点

在完成了财务单据的填写后，财务部门要经过大量的人工审核，确认文件的内容是否满足相关的财务管理要求，然后进行扫描、上传；如果出现问题，需要再次与其他部门进行沟通。这一方面工作的精确度和工作效率都需要进一步地提高。

2. 数字化提升方式

目前，人们研究并建立了基于机器学习的数学模型和运算法则，探讨了与特定成本支出有关的"高频业务行为"，并具体地进行了人机协作的工作方案，为企业的财务管理服务提供了有力的支撑。

3. 具体应用效果

业务申请通过相关的部门审核通过之后，将业务人员提交的发票、业务支付申请单等相关材料录入平台，并附带相关的录像文件。例如，使用的是增值税发票和财务支付批准机构的样本资料，扫描完毕后，财务部启动申请，通过人工神经网络的文本辨识技术，可以从报表中提取金额、内容、用途、收款人名称等数据，从而方便了财务部门审核申请时逐个核对申请的内容、金额、供应商的资料。

综合企业的财务业务特征，以上所述的自动控制系统及相关的模式可以延伸至人工完成的账务，预计能使企业的核算工作效率提升 1/3。与此同时，企业根据场景的落地顺序进行智能技术的存储，制订人机协作的信息化实施路线，遵循近期、中期、远期规划的应用场景秩序，在业务计算领域先后储备缴费智能校核、业务风险预测等智能应用，以及卷积神经网络（CNN）、循环神经网络（recurrent neural network，RNN）等算法，为后续更多场景应用打下技术基础。

第二节　数字化框架下的全面预算管理

全面预算管理是企业发展中的一个重要环节。企业要根据自身的发展情况，科学地进行全面预算管理，即根据企业内部各项目、业务、资金等内容，借助预算、编制、实施、控制、分析、审核等各项工作，统筹规划企业内部的各方面内容，提出更加科学合理的企业经营方案。数字化时代，企业转变预算管理观念与模式，以创新战略驱动转型发展，已经成为企业内部治理革新的重要路径。信息化技术逐渐进入企业的全面预算管理工作，企业可以利用先进的信息技术进行综合、归纳、利用，使其具有更大的应用价值。同时，对于企业来说，全面预算管理的责任主体是企业内部执行和实现预算目标的实体，通过充分运用信息技术，实现对预算的动态管理和细节控制，以保证全面预算管理的有效性和可靠性。

一、依托精准预测，强化预算编制的辅助效能

（一）推行标准成本管理，细化成本审核基准

传统成本计算过程烦琐，采用成本统计与分析模型简化计算过程，提高成本信息的精确度，有助于了解业务部门实际成本产生过程，提高成本控制精准度。这种计算模式围绕作业内容通过资源流动统计各项作业活动投入的相关成本，如服务店服务、维护资产运行、动态跟踪等。将企业经营发展积累的有关数据使用成本统计与分析模型法获得可靠性较强的标准成本数据报告，报告内容涵盖服务类型、用户类型与资产情况等多项数据。

成本控制的基础是细化成本内容，精简至最小作业点，针对每个作业点展开分析。标准成本制定需要选用专业设备，逐一量化每项单项标准作业成本，具体

情况如下：

第一，以最近时间点内的设备材料招标结果为基数，根据各批次招标价格情况设置权重，获取单项标准作业价值消耗费用。

第二，根据各地区、各类别资产、典型资产、作业情况灵活调整并设置对应的系数值，保证制定的标准成本具有稳定的指导性、典型性、可比性。

第三，标准成本数据囊括各维度成本对象，其业务活动基本形成，企业成本类预算编制可参考标准成本数据，以此作为指导。根据作业成本管理与价值链分析促进企业价值增值目标实现；另外，结合企业年度发展状况分析提前对企业未来成本投入进行预测，包括各部门成本、存量资产与新增资产成本、业务增长量消耗的成本等。以上数据皆可作为预算编制参考，也可纳入企业绩效考核、绩效评价、预算控制，发挥数据的参考价值。

（二）基建项目模拟估算，规范项目预算制定

由于当前业务前端在编制年度预算报表时的规则性不强，且管理者易将投资计划与项目预算相混淆，因此财务人员对投资计划的可行性判断较为困难。大数据分析技术引入预算编制构建项目预算模型，可降低项目预算成本完成自动测算。

1.模型的基本逻辑

年度项目预算 = 工程费用预算 × 里程碑进度比例。工程费用预算结果需两项数据：一是单体项目施工预算数据；二是单体项目施工图预算。里程碑进度比例应满足电力施工工期定额管理规定，根据工程财务支出流程逐一测算工程前期、施工过程、工程结算等环节应投入的成本。

2.模型应用方式

财务人员需要获取两项重要数据：里程碑计划信息与输变电单体项目的工程概预算文本。在预算编制模型中导入所需数据后获取单体项目年度预算结果，以此作为财务人员编制项目预算的参考依据。

（三）费用类预算自动编制

在费用类预算过程中始终确保其上下级审核通道畅通，同时提供统一编制平台，但人工编制依旧是编制预算的主要形式，弊端在于工作量大、耗时长、误差概率高。在预算编制中引入云储存技术，深度融合信息、财务、业务，展现大数据分析技术功能，达到自动编制费用类预算的目的。机器学习技术提高评价决策

体系的科学性与合理性，便于部门任何一个职员在开展报销工作时都可以自主完成聚类分析，帮助工作人员精准预测相关职员的出差时间、频次、基本费用，为预算编制工作开展提供重要依据。

二、应用新型分析技术，强化预算管控的实时性

（一）有助于跟踪项目的实施，进度的实现可控

目前，一些企业不能实现部门间的信息对称，还没有实现信息共享，还没有建立起信息控制。管理层无法及时将项目预算执行情况传递给财务管理层，财务部门对管理层预算执行情况的跟踪失真，预算控制信息没有准确传递给管理层。随着物联网技术的发展，预算执行数据的监控成为现实。此外，可以确定问题的原因，还可以对进度落后的项目进行统计分析。必须找出实际绩效和里程碑进度之间差异的原因，提出适当的解决方案，以帮助优化企业的监控流程。这些数据也有助于对项目执行情况进行分析性评价。

（二）提高预算执行反馈的及时性

随着财务管理信息化的不断更新，这项技术的应用范围越来越广，而且已经网络化。由于项目从预算程序的开始到结束都产生了数据分析，所以关键环节的控制也更加准确。

现阶段，融资主要在出库时确定所发生的费用计入成本兑现台账，但无法确认这些费用是在安装使用阶段发生的，还是存放在现场的二级仓库中。因此，确认财务成本的时间可能会有所不同。针对这一问题，利用射频识别（radio frequency identification，RFID）技术可以实现成本位置信息的自动准确获取，从而实现成本的精确计费点。

（三）存储信息自动记录

使用二维码扫描码自动核算物料的出入库，很容易出现核算与实物脱节的问题。由于二维码扫描主要是对输入输出库的文档进行扫描，但不能对物理对象进行扫描。因此，利用物联网和移动应用等新技术，可以很好地弥补这一不足，实现物理信息的自动扫描，从而提高财务数据的准确性。

（四）运行和维护费用自动收费开头时监控

根据现有运维环节的工作量，进行 RFID 扫描，使相应的数据可以自动分组，

如单个设备、材料、人工成本等信息数据，不用人工参与，记录的运维信息更加准确、完整。通过对财务管理的分析，解决了以往的运营维护成本与各部门对特定单体设备的协作不匹配的难题。

三、数字技术赋能数据挖掘，强化战略执行力

（一）密集型大数据挖掘项目

深入挖掘资产价值进入项目数据库，不断探索大数据应用方法；建立相应的模型对各业务环节的相关性进行影响分析，实现有效的分析；为各类项目管控工作体系的启用、业务环节分析、项目资金管理创造条件，使企业全面预算管理系统的自动化处理水平得到了真正的提高，进一步防范了潜在的风险。

（二）进行多维视角分析

从基于结果的分析实施到基于数据挖掘的目标转换过程，不断延伸到企业前端，监控内容从原来的扁平化结构转变为立体化的过程。通过轻量级分析工具，可以创建新的分析维度，从而可以按专业、子单元、预算执行结果、业务执行结果对项目进行分析。根据预算执行结果的组合，可以查询相应业务的执行结果，使每个项目的预算执行情况反映业务的执行结果，促进业务与财务的高度融合。

（三）数据分析的重点改变

在单个结构化数据类型上实现基于多个非结构化数据类型的转换目标，数据分析的优先次序开始改变。以前，重点放在结构化财务数据上，但现在改为非结构化业务数据。同时，步进读取报告会变成不规则的实时动态报告。报告可以自动生成，只需要结合奇怪的点数据进行分析即可。

第三节　数字化框架下的全面成本管理

随着信息技术的飞速发展，传统的成本管理模式已难以适应现代企业的复杂性和多变性，数字化变革已成为企业提升竞争力、优化管理的重要手段。数字化技术以高效、精准、灵活的特点，为成本管理带来了革命性的变革。数字化变革不仅能够提高成本管理的透明度和效率，还能够帮助企业实现资源的优化配置和成本的精细化控制。

一、个性化的成本核算

智能制造时代的最大特征之一就是个性化定制生产模式的兴起。近些年，企业进行成本管理时，往往会尽可能地提高企业的规模化复制能力，进行大批量的产品生产。通过规模经济降低单位制造成本、摊薄研发及管理费用，是现代企业成本控制的一个重要特征。但定制化、个性化制造模式的兴起，对这种理念产生了根本性的挑战。在智能制造的大背景下，企业生产方式不再是大规模、批量化的，而是定制化、多批量的，这会显著减弱企业的规模效应，使企业面临成本显著上升的风险。

在传统成本管理模式下，企业通常会根据成本计算对象，按照法规制度和企业管理的要求，并结合经验数据、行业标杆、实地测算的结果，对运营过程中实际发生的各种耗费按照规定的成本项目进行计算、归集、分配。其中，取得不同成本计算对象的单位成本或平均成本，是传统成本核算的关键环节。

在智能制造模式下，由于企业产品大多按照消费者的个性化需求进行按单生产，传统的大批量的平均成本和单位成本测算已经变得不合时宜。这就要求企业能够进行个性化的标准成本测算，准确核算单件、单批次产品成本，并进行成本归集和分摊，以帮助企业准确地进行订单盈利分析和决策。

二、作业成本法的运用

在自动化生产设备、技术研发、知识人才等领域，必然会加大生产过程中的间接费用比重，进而降低直接费用比重。在智能制造的大环境下，企业需要对成本管理理念进行创新，建立一种新的成本分摊逻辑并对成本进行准确归集、分摊，作业成本法便是一种合适的方法。

作业成本分析方法尤其适合作业种类较多、作业链条较长、产品及生产流程比较多元化、间接或辅助资源支出较高的企业。这种方法可以很好地解决常规的成本控制系统在确定成本时较为困难的问题。在实际操作过程中，一般采用作业成本法、标准成本法、定额管理法等成本管理手段。一般来说，在执行操作费用的过程中，企业可以遵循下列步骤：

第一，梳理作业中心。作业中心既是产品成本的汇集中心，又是责任考核中心。作业中心按照作业链层层分解，形成一级作业中心、二级作业中心、三级作业中心等。各级作业中心根据成本动因划分，逐级汇总分析。

第二，明确作业消耗资源。企业可根据每项作业的划分，确定各项作业中消耗的人力、物力等资源。

第三，确定作业成本动因。在确定作业消耗资源后，分析每项资源的消耗动因。

第四，建立模型。根据成本动因，确定成本测算的依据，搭建定额模型。

第五，验证成本数据。企业将搜集的企业数据放到已有的模型中，通过各张表单中链接的公式，快速计算出定额数据。企业定额数据需要考虑以前年度的历史信息，也要考虑外部标杆及自身管理需求。

三、即时、动态的成本管理

在传统的成本管理体系下，企业的成本控制大多以日常生产经营活动为基础。无论是作业成本计算和产品成本计算，还是标准成本控制和本量利分析，都侧重于事后的成本管理控制。对事前的预测和决策的忽视，往往导致成本管理难以充分发挥预防性作用。特别是在个性化、定制化的制造模式下，很多产品可能是一次性的，这意味着一旦产品在实施阶段出现失误，其损失不可挽回。这就要求企业进行即时的动态成本管理。

企业进行动态成本管理，无疑对企业的信息系统提出了很高的要求。在过去，很多企业由于信息基础较为薄弱，数据的归集、挖掘、利用能力较差，很难对生产过程中成本的变动趋势提供即时性信息。这对其决策支持的作用发挥带来了很大影响，企业几乎不具备动态管理的条件。

近些年，信息技术的快速发展及其在企业间的深入应用，为企业建立更为完善的成本管理系统提供了可能性。基于互联网和商业智能等技术，企业可以集聚内部"小数据"与外部"大数据"，实现对结构复杂、数量巨大的多维度成本数据的处理。并且，由于物联网等技术的大规模运用，企业产品的资源消耗、产量等各种信息都能够通过物联网准确、及时传递到成本管理系统，帮助企业进行实时核算，很多信息不需要事后再来收集。

四、全生命周期、全企业价值链条成本管理

在智能制造的大背景下，企业应建立覆盖产品全生命周期管理、全企业价值链条成本管理。

（一）产品全生命周期管理

产品全生命周期管理实际上是对产品从需求、设计、生产到销售、售后服务甚至产品回收再处置的全生命周期进行过程管理。众所周知，传统的成本管理往往倾向于中间环节，重点关注生产过程中的材料、人工、费用控制，意在精打细算，强调就事论事。但在智能制造的环境下，由于企业的自动化、智能化趋势，产品设计研发和销售在作业链两端变得越来越重要，中间端的生产环节相对弱化。只重视生产过程的成本核算而轻视设计研发和销售环节的成本核算，已经变得不再适宜。成本管理不应再局限于生产耗费活动，而应将管理重心向前延伸到设计研发环节，向后扩展到服务环节，构建从研发设计到制造再到服务的产品全周期成本管理体系。

（二）全企业价值链条成本管理

全企业价值链条成本管理指从全产业链的角度去进行成本控制。随着近些年信息技术的快速进步，企业的生产和经营边界正在逐渐消失。企业产业链上下游的供应商、制造商、分销商、零售商，通过物流、信息流，已经变为一个不可分割的有机主体。合理设计和管理各供应环节，有助于企业实现成本最优化。企业在进行成本管理时，有必要将其延伸到整个供应链环节。

第四节　数字化框架下绩效评价与决策支持

一、数字化框架下财务绩效评价

对于企业的绩效，目前学术界有两种表述：一种是企业的经营业绩，即企业的经营成果；另一种是绩效并不只是企业的业绩，还有在获得业绩的过程中所付出的代价和损耗。这两种表达方式都包括企业的运营成果，企业的运营绩效更加注重效率，这里的绩效研究倾向于后者，涵盖了企业的运营成果和企业活动过程中的损失。

（一）企业财务绩效与衡量标准

企业的存续与发展之基，在于其盈利能力的持续提升，这要求企业必须对生产运营的全过程实施精细化的管理控制。为实现既定的盈利目标，企业需构建一套全面而严谨的控制体系，涵盖生产效率、市场营销、成本控制、故障预防与响应、人均效能提升、维修费用优化、管理费用精细化、销售费用效能最大化、财务健康度保持等多个维度。这些核心绩效指标不仅作为衡量企业运营状况的标尺，更是指导企业资源优化配置、策略调整、决策制定的关键依据。

在此基础上，企业应将那些对整体绩效具有显著影响的关键任务，逐项分解并纳入各业务单元及职能部门的年度目标责任体系中，形成具有针对性的《年度财务绩效评价目标责任书》。此责任书不仅是对各部门工作成果的量化期待，也是激励与约束并重的管理工具。通过明确各部门的财务绩效指标、确立重点工作任务、设立特殊奖励机制，企业能够激发内部活力，促进跨部门协作，确保各项战略举措与年度目标紧密对接，从而有效推动企业在复杂多变的市场环境中稳健前行，实现可持续发展。

（二）企业财务绩效评价

企业的绩效评价包括财务绩效评价和非财务绩效评价。财务绩效评价是企业业绩评价的基础，也是企业绩效评价中的一个关键环节。

财务绩效评价是运用财务指标体系来科学合理地评估企业的业绩，财务绩效是由三份财务报告中的财务数据所计算出来的，易于获取；并且，财务数据是经过数字化的，经过规范化处理的，可以对这些数据进行对比分析。一般会从盈利、偿债、营运、成长四个方面来进行比较。与财务数据相比，非财务数据很难获得，非财务数据又很难进行比较，因此要把非财务数据进行量化处理。然而，在量化处理的过程中，非财务数据的主观性难以控制，使得这种数字化的非财务数据具有主观性，具有无法弥补的系统性缺陷。在对企业进行财务绩效评价时，应将财务指标与非财务指标相结合，从而更好地反映企业的经营状况。

（三）企业财务绩效评价方法与评价制度

在现代企业管理的实践中，构建一套完善的财务绩效评价体系不仅是达成年度经营目标的基石，更是推动企业持续发展与优化的关键举措。该体系通过系统化、规范化的方法，确保企业各项财务及非财务指标能够精准对接年度战略规划，形成可量化、可追踪的绩效管理体系。具体而言，企业需要依据自身业务特性与发展阶段，以《年度财务绩效评价目标责任书》为核心导向，设定清晰、具体的业绩衡量标准，这些标准应全面覆盖盈利能力、运营效率、风险控制、市场拓展等多个维度。

实施上，采用以月度为周期的定期评估机制，不仅增强了绩效管理的时效性与灵活性，还能及时发现并纠正执行偏差，确保企业始终沿着既定目标稳步前行。通过将各项指标的实际达成情况与年度计划目标进行细致比对，并辅以科学的加权计算方式，企业能够综合评估各经营单元的绩效表现，以百分制的形式直观展现，为后续的奖惩决策与资源调配提供坚实依据。

在此过程中，一个由高层管理者亲自挂帅、跨部门协作的组织架构至关重要。这样的组织体系能够有效整合企业内部资源，确保财务绩效评价工作的权威性与高效性。同时，组建一支高素质、专业化的绩效评价团队，不仅能在技术层面提供精准支持，还能在战略层面引导各部门树立正确的绩效评价观念，促进财务绩效评价理念与企业文化的深度融合。

二、数字化框架下的财务决策支持

财务数字化转型指在企业战略的指导下，通过运用大数据、人工智能、云计算等先进技术来改变财务组织和流程，增强企业的财务决策能力，使其充分参与企业的经营管理和战略决策，进而达到财务战略的预期目标。

在大数据时代，企业经营者面临着两个问题：一方面，企业面临着处理海量数据的压力，但无法从财务部门获取实时的业务数据；另一方面，传统的报表体系无法满足企业战略决策的需求。所以，从企业的战略管理和决策支持出发，必须进行企业的财务流程重构，实现企业财务的数字化转型。

决策支持是以管理学、计算机科学、会计学、控制论为理论基础，通过大数据、计算机模拟、人工智能等技术的运用，为财务管理人员提供财务管理的具体方案和评估方法，让企业能够根据财务数据反映的基本情况进行财务数据决策，以保证财务决策的准确性和真实性。当前，随着大数据、人工智能、云计算、区块链技术的不断发展与进步，给财务信息化管理带来了翻天覆地的变化。财务工作的信息实现可以依靠数字化技术和方法，构建基于财务决策的数字化财务体系，让企业朝着精准化发展的方向前进。

当前，财务决策数字化转型是一个较为复杂的过程，不仅要考虑企业转型的优劣势，还要结合企业未来发展的战略和方针，帮助企业找到转型的方向。当前，企业财务决策要加强财务重构，实现财务的功能化转变，通过财务决策来指导企业发展的方向；同时要以大数据应用技术为指导，加强企业财务数字化的建设和转型。

（一）构建面向决策支持的财务共享大数据平台

在大数据环境下，数据是企业的一种重要的战略性资源，因此构建一个可用于大规模数据的、可扩展使用的大型财务信息系统是必要的。财务共享大数据系统的架构可以分为三个层次：会计核算子系统、共享财务子系统、战略财务子系统。

第一，会计核算系统对各个业务单位进行会计核算与监督，可以从业务受理、资金流动、业务记录、业务审核、风险控制、数据制订、报表生成、决策模型等方面，实现动态、实时、动态的财务管理。

第二,共享财务子系统主要是将结构化数据以及非结构化数据引入企业系统，并整合在财务数据平台上，通过人工智能及大数据分析对财务管理实现数据化、可视化、智能化、模块化，使企业中所有的业务都集中在财务共享服务平台上，实现财务信息的沟通与交流。与此同时，实现降低财务成本、提高财务工作效率、改进财务服务质量、规避财务风险的目的。

第三，战略财务子系统是将财务数据和共享的财务信息转化为战略分析的核心参考内容，为企业进行战略决策提供强有力的支持。企业财务管理部门要注重财务管理专业化、智能化、专家化、可视化、模块化的发展。在技术组织架构上，财务信息共享平台系统应该包括基础架构、应用支持、应用服务三个层次。

从战略财务子系统的组织架构来看，主要可以分为前台、中台、后台。其中，前台主要是为企业提供具有创新性的财务管理方案；中台主要是通过财务共享平台实现业务数据的共享；后台主要是对财务数据进行综合分析，并对企业的财务决策提出参考建议。

在会计数据、会计准则、指标算法、绩效评价等方面，可以通过运用财务信息大数据共享平台，实现企业的财务信息化。通过智能算法、应用模型库、数据的结构化与可视化展示、数据自动运行、智能预测、智能分析，建立了一个智能的企业财务数据共享中心。通过将财务与业务场景相结合，实现了企业业务场景中的数据自动化处理，提高了用户的使用体验，充分利用了企业的运营与会计决策功能。财务预测分析已经不仅仅局限于企业内部和外部的交易数据，而是能够对企业的经营过程进行有效的风险管理，利用人工智能进行数据挖掘、大数据画像分析等对企业的发展趋势进行预测，使得企业的财务分析更加准确、具有预见性，并使企业的财务决策更加智能化和科学化。

（二）整合面向决策支持的业财融合大数据系统

为了突破财务信息的孤立性，必须从业务流程、信息系统、业务数据等各个层次进行深入的集成，做到事前预测和事后核算，尤其是事中动态监控和协同服务，从而增强企业在战略规划决策中的辅助作用。对财务系统进行重构，实现财务流程的规律化，打造融合、互动、场景化、智能化、风险控制、增值的财务运营新格局。透过深度的业务与资金的一体化，将光学字符识别技术、影像系统、会计系统、预算系统、资金系统、税务系统、共享派工系统等融为一体，加强企业间业务、信息、资金的标准化建设，从企业内部的数据拓展到企业生态圈的数据。

要把企业的数据生产力转化为企业的核心竞争力，就需要对企业的人流、资金流、信息流等信息进行精确把握。以数据为基础的财务大数据共享平台与业财数据体系相结合，实现了数据标准化、网络化、数字化、统一的数据采集和管理，最终实现物流、业务、资金、信息流的统一化管理，为用户的多个决策数据提供参考服务和依据。

通过大数据财务共享平台可以为企业内部的财务管理人员提供个性化的财务增值服务，这也促进了财务价值的进一步实现。当前，企业股东、债权人、董事长、总经理、业务人员、普通员工等对企业财务数据的关注点均不相同。在业务数据方面，总经理比较在意的是企业的绩效报表，以及业务完成情况；财务部门关心的是成本消耗是否与财务预算相一致；业务部门关心的是业务指标的完成情况，以及业务考核的标准和依据；生产部门主要关心原材料的消耗比例以及成品的质量和库存量。因此，财务管理人员要对财务数据进行系统的分类和加工，以满足各部门财务管理人员的基本需求，实现财务数据分析的价值。与此同时，财务部门要与其他部门共同参与企业业务的经营活动，根据财务数据对企业的生产力进行分析，提高业务部门的业务水平，扩大企业的销售范围，让财务主推业务不断向前发展。

（三）建立面向决策支持的财务绩效评价系统

传统的财务管理侧重了财务核算和财务收益，而企业的财务管理策略注重价值的管理和创造。现代企业的界限从企业的内部组织界限扩展到了整个生态圈，衡量企业绩效的标准不仅仅是利润，还有企业创造的价值。在大数据的时代背景下，建立基于决策的财务业绩评估体系，能够对企业的经营状况进行有效的评估与监测，确保企业的可持续发展与业绩的持续稳定增长。建立全方位、多维度的财务业绩评估指标和体系，并进行横向、纵向对比，建立全方位的财务绩效评估体系。运用层次分析法可以建立四个一级指标：企业盈利能力、营运能力、偿债能力、抵御风险的能力。二级指标为：净资产收益率、总资产回报率、成本和费用利润率、流动比率、资产负债率、利息保障率、库存周转率、应收账款周转率、总资产率、资产增长率、资本增值保障率。在确定各个指标的权重时，可以使用矩阵分配方法，并对其进行一致性检验，从而获得最优的权重。利用企业的治理能力、创新能力、风险控制能力构建一套完整的企业业绩评价系统。

第五章　数字化财务管理的转型与发展

　　财务转型的核心思路是将企业中最能创造价值的管理活动从原有的财务部门分离出来，放到业务层面与企业层面，在降低成本、增强管控能力的同时，明确财务在企业价值链管理中的定位，努力为创造企业价值服务。当然，转型不是为了摆脱会计核算，而是在夯实会计核算基础的同时，将重心转移到管理决策支持、预算预测、税务筹划、财务分析等更能创造价值的活动中，最终支持企业整体的发展战略。

第一节　财务转型的起点：财务共享服务

　　财务共享服务主要指以财务流程处理为基础，利用各种信息技术，优化流程及改善组织结构，起到进一步压降企业成本的作用，助力企业获得更大利润的专业分布式财务管理模式。对于大型企业来说，财务共享服务中心的建立是一个难得的发展机遇，它有利于财务人员转型，甚至可以说财务转型始于共享服务。财务共享服务中心基于流程再造、信息系统整合，将会计基础核算等低附加值、标准化的工作集中起来，提高效率、降低成本，把财务人员从繁杂的核算中解脱出来，集中精力从事业务财务和战略财务，推进财务、业务、战略一体化的转型之路。

一、财务共享服务框架与智能增强

　　近些年，我国财务共享服务发展呈现出逐渐加速的趋势，财务共享服务的热度飞速上升，已然成为国内大中型企业财务组织的标配。

　　在这个过程中，财务共享服务中心从设立到运营全过程的管理水平都在快速提升，已经形成了相对完善的财务共享服务管理框架，并在政府、企业、高校和各类协会组织的共同推动下，逐渐成为国内财务共享服务中心特有的管理模式。

（一）财务共享服务中心设立管理

1. 财务共享服务中心设立管理的框架

（1）财务共享服务中心立项

能够站在企业立场，充分评估财务共享服务中心设立对企业经营发展带来的利弊影响，客观评价财务共享服务中心的投入产出情况、匹配、适应情况、变革管理的难点及应对措施。能够在判断财务共享服务中心建设对企业有利后，积极推动管理层和各相关方的认可，并获取充足的资源，支持后续的中心设立。

（2）财务共享服务中心战略规划

能够站在战略高度对财务共享服务中心展开规划，如总体模式的选择，包括定位、角色、布局、路径、变革管理、组织、流程、服务标准、系统及运营平台、实施等规划内容。

（3）财务共享服务中心建设方案设计

能够在财务共享服务中心建设启动前进行充分的建设方案设计，包括组织、人员、系统、流程、运营、制度等方面。方案应能够涵盖框架和详细设计，并在最终落地方面做好充分的工具设计准备。

（4）财务共享服务中心实施

能够有效地组织项目展开对财务共享服务中心的实施，制订合理的实施计划，有序推进组织架构和岗位设立、人员招聘及培训、系统搭建及上线、流程设计及运营等各方面工作，实现财务共享服务中心从试点到全面推广的实施落地。

（5）财务共享服务中心业务移管

能够在财务共享服务中心设立后，有效地推动业务从分散组织向财务共享服务中心的转移，通过推动签订服务级别协议、业务分析、流程标准化及操作手册编写、业务转移培训、业务中试和最终正式切换，实现移管目标。

2. 财务共享服务中心设立管理的职能增强

在通常情况下，管理层都会要求财务共享服务中心的设立具有一定的前瞻性和领先性。自多年前开始，财务共享服务中心的建立就具有强烈的创新特征，需要向管理层阐明所采用的技术手段能够达到当前的市场水平或竞争对手水平，并能够对企业自身的管理带来提升。很多企业在这个过程中同步进行了与支持财务共享服务相关的信息系统建设，但总体来说，并没有超出当前互联网时代的技术水平。

在展开财务共享服务中心建设的过程中，无论是进行立项还是规划都必须考虑到智能革命对财务共享服务的影响。可以预见，基于信息系统的高度集成，数据信息能够自由获取，规则的自动化作业辅以人工智能作业的新的共享服务模式正在到来，也会在不久的将来逐步取代当前基于大规模人工作业的共享服务模式。实际上，这一进程一直在进行，只不过受限于技术手段和数据质量，人们所能感受到的仅仅是优化性的进步，如一些跨国外包企业热衷于机器流程自动化，就是在积极进行自动化替代人力的尝试。

因此，在建立财务共享服务中心的规划过程中，必须充分考虑到未来智能化技术对财务共享服务中心的影响，为当前财务共享服务中心的建设留下向智能化进行转型和拓展的接口。同时，必须认识到智能化很可能在最近的数年中出现爆发式的技术发展，财务共享服务中心必须有充分的认知准备，紧随技术进步，及时调整自身的运营策略，切换至智能化运营平台，以维持当前建立财务共享服务所带来的竞争优势。

（二）财务共享服务中心流程管理

1. 财务共享服务中心流程管理的框架

（1）财务共享服务中心流程体系定义

能够基于企业所处的行业特征，识别自身的全面的会计运营相关业务流程，并搭建业务流程体系，对业务流程清晰地分类，定义流程子集。能够完整地识别、定义业务流程场景，并建立流程场景与流程的映射关系。

（2）财务共享服务中心标准化流程设计

能够基于业务流程体系展开财务共享服务中心的业务流程设计，标准化的业务流程体系应当能够清晰地定义流程的输入、输出、执行标准、质量标准、匹配的流程场景等关键信息。能够通过流程图、流程描述等方式进行流程展示。

（3）财务共享服务中心标准化流程维护和执行监控

能够建立财务共享服务中心业务流程体系的维护和执行监控制度体系，由相应人员关注业务流程的日常维护，并定期针对业务流程的执行情况进行评估检查。能够针对流程中的执行问题采取及时的行动，对流程进行修正。

（4）财务共享服务中心流程持续改进

能够建立起业务流程优化和持续改进的机制，营造有效的流程优化氛围，鼓励各级员工提出优化建议，并能够建立起建议的评价和采纳机制。对于所采纳的优化建议，能够设立项目团队进行积极推进。此外，不定期地开展流程优化检视活动，主动发现优化机会也是十分重要的。

2. 财务共享服务中心流程管理的智能增强

业务流程优化是财务共享服务管理中极其重要的主题。在传统的流程优化过程中，人们试图通过对流程环节的挑战、运营方式的转变来找到优化机会。当然，财务信息化在这一过程中也发挥了重要作用，高度的业务系统和财务系统的对接，以及专业化的财务共享服务运营平台的建立，均大幅提升了财务共享服务的流程效率。

智能时代的到来，让人们对流程优化有了更多的机会。如机器流程自动化技术成为人们关注的热点，通过在全流程过程中寻找流程断点和人工作业的替代机会，在很多企业业务流程优化陷入瓶颈后，再次提升了流程自动化程度。

财务共享服务业务流程将伴随着基于规则的初级人工智能的应用，以及基于机器学习的人工智能的到来而获得更多的改进机会。在新技术的影响下，现有财务共享服务的流程会率先从多人工模式转向人智结合模式，并最终迈向智能化模式。在这个过程中，业务流程的优化和改变并不是一蹴而就的，会伴随着技术一步一步地改进，并最终实现从量变到质变的转换。

智能化对财务共享服务业务流程的影响是端到端的。也就是说，财务共享服务运营的输入流程也在变化中，前端的流程智能化进程也会对财务共享服务后端的运营模式产生重大影响。很多时候，财务共享服务中心从人工向自动化、智能化的转变根本上就是前端流程直接带来的。

二、大型企业财务共享服务中心的建设

随着国内建立财务共享服务中心的风潮渐起，不少大型企业也加入了建立财务共享服务中心这个行列。但是大型企业建立财务共享中心和单一企业不一样，需要面对和解决更多的问题。大型企业建立财务共享服务中心需要面对自身独特的复杂性，并结合其特点选择合适的实施策略。

（一）大型企业建设财务共享服务的顶层设计策略

1. 管模式

大型企业的财务共享服务模式构建，需要从定位、角色、布局、路径四个方面进行规划设计。

（1）定位规划

财务共享服务中心的建立将带动整个财务组织的变革。因此，需要清晰地规划设计财务共享服务中心与企业总部财务、下级机构业务财务之间的关系。在财务共享服务中心建立之前，应当明确其在整个财务组织中的管控、汇报关系，明确各项业务横向与总部其他财务部门、纵向与基层财务部门之间的职责边界。同时，需要考虑财务共享实施后，如何推动基层释放的财务团队的转型。

（2）角色规划

财务共享服务中心的建立未必在企业层面，所以需要明确企业或总部财务在建设过程中的职能和角色。常见的角色定位包括仅进行总体规划建立标准、规划并兼顾财务共享服务中心建设的项目管理、规划并直接负责财务共享服务中心的建设落地等。应当及早明确企业或总部的角色定位，并进一步明确其与下级机构之间的角色分工。

（3）布局规划

大型企业财务共享服务中心有单一中心和多中心两种模式。其中，多中心模式可基于流程、业态板块、区域或灾备等区分各中心的布局定位。企业建设财务共享服务中心时，应当提前明确布局规划，根据自身特点选择合适的模式。在选择时，可从业务的多元化程度和对业务单元的管控力度两个方面综合考虑。

（4）路径规划

大型企业的财务共享服务中心建设难以一蹴而就，需要分批次有序推进，在推进路径上可以按照流程、地域或业务单元推进等多种不同的模式开展。各种推进模式均有利弊，总体来说，按流程推进对财务自身来说复杂性较小，按地域或业务单元推进对业务部门的影响较小，企业可根据自身的实际情况进行评估选择。

2.控变革

在顶层设计阶段，变革管理的重点是风险的预先识别以及风险预案的准备。在变革过程中，需要将更多的精力付诸风险事项的过程监控。财务共享服务中心的建设需要重点关注和管理变革风险，好的变革管理能够为项目的成功落地带来重要帮助。

（二）大型企业建设财务共享服务的落地实现策略

1.定标准

大型企业的财务共享服务设立需要着重关注标准化，从组织、流程、服务水平三个方面进行规划设计。

（1）组织架构标准化

在大型企业财务共享服务的推进过程中，组织架构标准化能够加速管理复制的速度，增强组织管控的力度。组织架构标准化首先需要对组织的职责进行有效的鉴别，先行建立流程和职责的标准化，在此基础上构建统一的管控关系和标准化的岗位体系。

（2）业务流程标准化

业务流程标准化首先应当构建清晰的流程分类体系，定义业务场景并建立业务场景和流程之间的对应关系。此后，基于细分动作，进行属地、职责、支持系统的标准化定义，并形成流程模板，进而汇编流程手册。推进流程标准化对大型企业的业务规范将起到至关重要的作用。

（3）服务水平标准化

大型企业的下级单位数量众多，人员规模庞大，推进服务标准化尤为重要。财务共享服务中心应当明确其对客户的服务模式、服务边界，并建立制度化的服务规范。在和下级单位客户进行内部结算时，需要制定相关的指导标准，以明确双方的权利与责任关系。服务管理相关内容也可以通过服务级别协议的方式进行规范和标准化。

2.建平台

大型企业的财务共享服务中心需要建立相关的作业系统支持平台和统一的运营管理平台，具体应该做到以下方面：

（1）规范系统平台建设的要求

企业在建设财务共享服务中心时，应当对未来系统平台的架构进行规划设计，明确财务共享服务支持系统的主要功能、系统架构以及与外围系统进行集成的总体要求，进行合理的系统选型、需求设计、功能开发。同时，系统平台的建设还需要设计完备的上线策略，妥善安排相关人员的培训。

（2）建设运营支持平台

大型企业财务共享服务中心的人员数量、团队规模相对庞大，需要建立统一的运营支持平台，以提升整体的运营效率。在企业层面建立运营管理团队，形成自上而下的抓手尤为重要。在具体实施时需要明确企业财务共享服务支持平台的职能职责、工作方式，明确各级财务共享服务中心的运营绩效要求，并对结果实施评价。

3. 重实施

财务共享服务的最终落地是一个复杂的注重细节的过程，需要相关各方投入资源和精力。对于企业和总部来说，更应当积极地参与各业务单元财务共享服务的建设过程，树立标杆，推动全局计划的落地实施。

大型企业财务共享服务的建设需要谋定而后动，从顶层设计和落地实现两个方面进行全面考虑，控制实施风险，提升实施效果。

第二节 财务转型的方向：企业司库

司库原指储存和汇集资金和账簿的库房，后来泛指存储、汇集资金的地方，如国库、企业金库等，如今泛指企业内部专门负责资金管理职能、资金风险防控的组织机构。企业司库管理则是将传统的资金视为金融资源，从企业战略与价值创造的视角出发，基于目前的资金集中管理系统，利用更为先进的管理制度、IT手段、完善的金融市场来持续提高企业整体资金收益的一系列活动。

一、企业司库的运营和控制

（一）企业司库运营工具

在司库的运行过程中会用到许多工具。从运营和控制的角度看，下列工具尤为重要：

1. 政策

司库相关的政策是司库运营和控制的起点。司库相关的政策要能够识别关键要素、活动、风险、缓解工具，分派任务和职责，定义限制参数和功能参数等。流程和程序必须遵循政策。

2. 流程图

流程图为严密的流程说明奠定了坚实的基础。流程图有不同的种类和标准，此处推荐按任务画流程图，各个任务之间的切换点界限清晰。"传递"是流程图所体现的显著优势之一，因为在传递的过程中潜藏着发生错误的危险。所以，以文件的形式恰当地反映传递过程并尽量减少传递发生的频率和次数，就显得十分重要。

3. 流程说明

流程说明又称标准操作规程，是司库流程中对活动和任务的详细说明文件。使用统一格式的标准化流程说明有以下优点：

①提高运营的效率和效果。

②为新员工提供现成的参考工具，便于他们迅速开展工作。为现有员工提供专业性的辅助资料，以便他们在模棱两可的情况下，对流程相关方面的问题进行查明和确认。

③便于审计师、审查人员、监察机构连贯地了解流程，减少误解。

④提高透明性，揭露错误产生的可能，以及改进方向，从而加强控制，提高流程的严密度。

⑤提高员工的积极性、认知度和士气。

⑥降低成本。

⑦为先进的司库设计提供一个全企业视角的、交叉定位的标准。

4. 系统和技术

系统和技术的出现极大地提高了司库流程的效率。无论商业活动的实质是什么，其成熟程度、规模、所处的发展阶段如何，司库都受益于自动化和系统的建设。越来越积极的银行系统、支付网关、供应商的自动化为强大的司库流程增加了一道壁垒。

①获取新系统的原因之一是为了改善流程。假设已存在一个经过检验和测试的强健的系统，能提高整个流程的效率，那么把这个系统作为推动者，借此机会加强现有流程是更实用的做法，不需要为了保留现有流程而改变系统。

②一个系统的好坏取决于它的用法。很好地使用系统，充分发掘其潜能，比投资一个顶尖的系统但只是部分利用其能力要好。当然，任何系统都必须满足现有标准并拥有所需要的功能。

5. 一体化

对系统、流程、会计和整个企业架构内的控制一体化会增加流程的协调性，并且有效地减少重复和返工。

6.报告机制

好的报告机制只花费较少的时间和人力，且具有及时性和恰当性，可以为每个管理级别进行详细的优化。过度报告会浪费时间并减少对信息重要性水平的感知度，从庞大的数据中识别出哪些是有意义和必要的信息需要做大量工作，不充分的报告也会有显著效果。

7.审查和控制流程

定期审查和控制流程可以确保减少意外的发生，以及因后续程序的不足而导致的损失。

（二）企业司库运营和控制重点

1.恰当控制

控制的目标是确保那些设计和实施的流程、程序、系统、政策无论是在表面上还是在实质上都得到遵循，确定司库是否存在一些会对企业造成潜在损害的财务，或者其他问题的漏洞。

司库不要希望通过控制流程了解何时发生何种情况，如流程违背、超过风险限额、流动性短缺等，也不要试图通过控制审查来考察这些情况下的纠正性措施。实际上，这些内容都在管理层批准过的司库政策和各种流程注意事项中作出规定。控制流程的目的应该是寻找出尚未被识别出来的问题，并且确定企业是否在正常或例外情况下遵循了恰当的程序。

控制决定了流程的稳健性，后者反过来决定错误发生率的下降程度。从某种程度上来说，控制流程是一种风险审查，审查整个组织对司库流程的依赖性。

企业司库控制具有四大主题：基础设施主题关注司库职能的支柱，包括技术、中台、信息安全；运营主题考虑的是各种非风险流程，包括现金和账户、投资、借入和借出、报告、对账、后台活动；政策和组织合规性包括前台活动、角色、职责、监管机构等方面；风险。由于风险涉及许多复杂的方面，风险审计和审查是一个专业性活动，所以这里将风险控制视为司库控制的一个单独的主题。

2.控制确认和审查

确认和审查的目的是减少由于意外或非意外情况导致的流程中断或资金流出。有时，确认和审查是一种事后行为，如果任何失误在发生后被识别出来，管理层要意识到这些疏忽可能会导致的潜在问题。

（1）周期性

控制和确定活动的周期性和频率必须由高级管理层指定，而且需要在司库政策中作出规定。

（2）自查和主要审查的独立性

每一个单位都要各自进行季度审查。如果是审查某个人的活动，必须指定独立于该活动的另一个人来审查。每个人或者流程都有其控制列表。年度流程和控制审查必须由独立于这些流程和控制活动的人进行。在理想的情况下，应由审计部门或者一个独立的控制单位负责流程和控制审查。

（3）数据来源的独立性

要尽可能地保证用于审查的数据的来源的独立性。除了评估物理记录外，审查者还要对数据进行抽样检查，以确保其数据来源的独立性。

（4）抽样

对那些无法使用系统数据的资料（人工交易票据、发票等）进行物理验证时，审查者必须选择抽样样本，采取统计核查措施。此外，数据样本的日期不要太接近。

（5）报告

审查结果应被直接报告给司库和首席财务官（chief financial officer，CFO）。必须给予司库在结果被传递给董事会之前对提出的问题作出回应的机会。在审查结果最终定稿和传递给审计委员会和其他高级管理层之前，这些回应也必须得到恰当评估。此外，还需要按照关键程度对每个流程进行评级。

（6）纠正性措施

审查者必须和司库就纠正性措施的实施步骤和每个步骤的实施时间达成一致，并且对这些步骤进行追踪，对已纠正的每个要素进行纠正后验证。

二、财务人员向司库管理转变

（一）财务人员应补充金融方面的基础知识与应用知识

从企业司库的职责范围来看，其涉及的内容横跨会计、管理、金融、经济学等多个学科领域，这不是一个简单的财务、会计专业背景的人才所能承担的，必将随着司库职责的拓展，呈现出更多的胜任能力需求，会涉及大量的分析与判断，必须不断提高相关人员的专业素质与胜任能力，以保障司库工作有效开展。从其掌握的知识核心内容来看，主要是金融学的基础知识和应用知识。金融学是一门应用经济学科，核心内容是关注货币资金的经济活动。其具体学科知识内容体系涉及货币银行、商业银行、中央银行、国际金融、国际结算、证券投资、投资项目评估、投资银行业务、企业金融等学科内容。这些内容，对于财务背景专业的从业人员来说，必须逐步转变专业背景知识，不能局限于财务知识的掌握，否则就只能停留在核算和结算业务中，难以实现企业司库更高职能的发挥。事实上，财务人员知识背景的这一局限性，已经使得我国财务企业的职能局限于简单的现金预算、账户管理与资金的短期流动性管理。

企业金融这一概念最初被引入我国时，正值我国改革开放与经济快速转型之际，这时的财务人员与证券市场的结合并不紧密，与财务相应的管理则被理解为财务管理、企业财务、企业理财。当更多的财务人员介入企业司库管理时，企业金融学作为一门学科从会计学的分支转变成了应用经济学的分支，其关注视角也从企业本身转移到以证券市场为中心，"企业金融"的概念破土而出。通过这一概念前后的变化，也可以看到财务人员转入企业司库时，其知识领域要求的深刻变化。

（二）财务人员应关注金融监管法律法规的变化

在政策法规上，财务人员更多关注的是会计准则、财务通则、财税政策等法律法规的变化。进入企业司库后，瞬息万变的金融市场成为财务人员需要重点关注的焦点，包括货币市场、资本市场、支付结算系统的法律法规及其政策变化。其中，货币市场的法律法规包括人民币管理、外汇管理、利率汇率管理、银行卡等相关法律法规及其政策。资本市场的法律法规包括股票市场、债券市场、期货市场、资产证券化、信托、私募等相关的法律法规。

（三）财务人员应明确风险管理的内容与操作流程

企业司库不仅集中了资金，更重要的是集中了风险。风险管理的目的是帮助管理层识别企业在生产经营中存在的不确定性，分析不利事件可能造成的影响，并针对这些事件权衡利弊得失，采取必要的应对措施，甚至包括一旦发生后应该采取必要的灾后恢复措施。企业司库建立后，其所承担的职能更多的是与外部的金融系统进行对接，而外部环境和市场经常是复杂多变的，这就要求企业司库必须针对资金管理提升风险管控能力，应该加强对流动性风险、操作风险、股票价格风险、汇率风险、利率风险、大宗商品价格风险、信用风险、保险风险等风险实施专业化的管理。具体来看，可以采取的管理措施有：严格执行资金收支计划，留有充足的营运资金确保支付；制订应急预案，避免支付系统风险；通过合理设置岗位、流程、权限等，利用信息化手段，对司库业务事前、事中、事后进行全过程监控，管控司库操作风险；建立客户信用评价制度，通过加强欠款客户准入管理、欠款发生过程监控，降低坏账损失风险；统一组织制定汇率风险管理政策，对所属企业规避汇率风险进行业务指导和过程监督；动态跟踪各种债务项下相关币种的利率走势，及时采取提前还款、再融资及利用利率风险对冲工具等方式合理规避利率风险；等等。

财务人员过去掌握的风险管理知识和技能更多的是内部的财务风险管理，主要涉及筹资风险、投资风险、资金回收风险、收益分配风险等内容。即便是资金集中管理，内涵也十分有限，一般仅限于即期可以使用的现金和银行存款，对于资金的集中管理更多地局限在提高资金的调控能力和节约财务费用上。司库概念的内涵更加丰富，从内容上包括了一定时期内可以转化为现金和银行存款的金融资源。司库集中的过程就是风险集中受控的过程。与司库管理更多地关注外部风险相比，财务人员需要更多地掌握全面风险管理的内容及操作程序，以实现对司库风险管理职能的履行。

（四）财务人员应逐步从管理决策导向走向战略支持导向

传统的财务人员更多地强调内部管理决策的有用性。其财务管理职能的发挥主要是集财务预测、财务计划、财务控制、财务分析于一身，以筹资管理、投资管理、营运资金管理和利润分配管理为主要内容的管理活动，并在企业管理中居于核心地位。可以把它归类为内部管理决策导向。

企业司库管理是从更高的战略决策层面，为企业全面管控金融资源、优化金融资源配置、防范资金集中管理的风险提供支持。这时要求财务人员必须转变，从战略高度不仅关注内部，还要关注外部金融资源，并努力协调和有效配置资源，以更加全局乃至全球的视野管理企业和监控企业现金流，也就是说其职责更具有战略性。总之，要求财务人员更加注重战略支持导向，不仅着眼于现在，更要着眼于未来；不仅着眼于企业内部，更要注意外部金融资源的协调和有效配置。

第三节　财务信息化规划与创新实践

随着全球化趋势的持续发展和科学技术的不断进步，企业面临的市场竞争环境日趋激烈，对内部运营管理水平提出了更高的要求。作为经营管理体系的重要构成内容，企业的财务管理工作也要顺应时代发展趋势向着信息化转型升级，通过先进技术手段的应用，对企业资金的动向进行实时监控，科学分析财务状况和盈利水平，从财务视角为业务流程的优化和经营决策的制定提供建议，为企业健康发展提供助力。基于此，针对企业财务管理信息化的总体规划和实践路径进行研究，具有积极的现实意义。

一、企业财务信息化管理总体规划

（一）调研并分析现实需求

企业要结合自身实际情况通过问卷调查的方式对相关人员的财务管理信息化建设需求进行调研和分析，对业务单元中的各类数据信息进行收集。同时，要全面梳理各个部门和不同机构之间进行数据传递和信息沟通的方式以及实际的需求，从财务管控视角对企业内部业务流程、系统功能、业财融合情况等进行全面分析，结合数据分析结果编制需求报告。

（二）评估信息基础环境，明确技术应用架构

企业要以调研结果为基础，对内部信息化基础设施的实际情况进行准确评估，结合业内技术标准和工作规范，充分考虑未来信息技术的发展趋势，构建起财务信息化建设的整体技术应用架构。

第一，企业要结合收集到的各类数据信息，对企业目标的实现情况进行评估。

第二，企业要合理设置约束条件，结合内部财务状况和实际需求，科学设计信息技术应用的战略架构。

第三，准确定义数据信息结构、网络应用架构、安全保障架构等。

第四，明确架构目标，通过讨论沟通，确定与企业实际情况相匹配的技术架构。

（三）制订信息化建设方案

企业要结合财务信息化目标，以财务管控层面作为基础，对业务系统的各个模块进行科学规划，合理设计不同模块连接的端口，打通集团总部与子企业以及

各个部门之间的数据传递通道，为财务数据在不同层级之间的传递奠定基础。同时，企业要组织有关人员对财务信息化整体建设蓝图进行设计，将企业内部所有的财务管理工作囊括其中，并对信息化功能进行合理设计，具体包括以下方面：

第一，报表合并系统。主要是进行合并报告体系的构建，准确反映企业的经营管理状况。

第二，会计核算系统。推动会计核算工作向信息化和规范化升级。

第三，资金管理系统。构建科学完善的资金管理体系，选择与企业实际情况相匹配的资金运作模式，对内部资金进行集中管理。

第四，资产管理系统。建立信息化和自动化的资产管理模式，对各类资产进行动态监管。

第五，全面预算管理系统。构建预算编制、执行、监控、分析相互融合的全面预算管理机制，帮助企业做好投资预算、现金流量预算、销售预算等的编制和执行，有效对风险问题进行控制。

第六，绩效考核管理系统。建立全面高效的绩效考核管理系统，通过科学合理指标体系的构建，对企业各个子公司和部门进行全面公正的考核，为企业健康良性发展提供助力。

第七，商业智能（business intelligence，BI）数据分析。企业信息化建设中，可以利用 BI 对企业的数据进行深入分析和挖掘，从而为企业决策提供有力支持。比如，可以将 BI 数据分析应用于管理决策中，帮助企业管理层对业务数据进行分析，深入挖掘数据背后的规律和趋势，从而为企业的经营决策提供科学的依据。BI 数据分析可以帮助企业深入了解客户的需求和行为，从而更好地满足客户的需求。比如，可以通过 BI 数据分析来识别客户的购买偏好和消费习惯，制定个性化的营销策略。BI 数据分析还可以帮助企业深入了解业务流程，发现流程中的瓶颈和优化点，从而优化业务流程，提高企业的效率和生产力。比如，可以通过 BI 数据分析来优化供应链管理、生产计划等业务流程等。

二、企业财务信息化管理创新实践

（一）培养并引进综合型管理人才

面对日趋激烈的市场竞争环境，企业要认识到人才在企业发展中的重要作用，将综合型人才的引入和培养作为企业提高竞争力的关键因素，加强对人才梯队建设工作的重视，推动财务管理人员的转型，为财务信息化建设工作的开展奠定基础。

第一，在进行人才招聘时，企业要结合财务信息化的实际要求进行招聘方案的编制，适当提高录用标准，不但要求应聘者具备财务专业知识和主动学习意识，还要熟练掌握各种信息化软件的操作技术，从而为企业招聘具有专业技能和信息素养的复合型人才。

第二，组织有关人员进行定期培训，将财务信息化、业务财务一体化、管理会计等作为专题，合理编制培训课程和内容，积极创新培训模式，结合各个部门的工作特点选择案例分析、小组讨论、技能比武、模拟练习等方式，有效提高员工参与培训的积极性，使他们成长为企业需要的综合性管理人才。

第三，建立长效化的培训机制，为员工提供继续教育、参观学习等机会，使他们树立终身学习的理念，通过网络学习平台顺应时代发展趋势进行知识体系的更新，从而为企业价值最大化目标的实现提供助力。

（二）促进各系统集成对接

企业要打通财务信息系统与其他区系统之间的数据传输通道，将管理功能覆盖到业务流程当中，使财务信息系统在企业经营管理中的效用得到充分发挥。

第一，将财务系统与资产管理系统进行有效对接，实现财务部门对固定资产管理的动态监督，防范资产管理环节中可能出现的风险问题。比如，在购置资产时资产管理人员需要利用信息系统进行资产入库登记，并将信息同步传递到财务系统，将资产新增和预付账款凭证传递到财务账套，为会计核算工作奠定基础。假如预付账款长期处于挂账状态，表明资产轨迹发生问题，财务人员要向资产管理人员发出警示。

第二，将财务系统与销售系统进行有效对接，便于财务部门对销售数据进行动态监督。企业要在销售结算工作中加入审核环节，安排财务人员对销售数据的真实性进行查验，避免出现虚报数据问题。

第三，将财务系统与合同管理系统进行对接，便于财务人员对合同款项支付坏节进行有效监督和管理，保证款项支付的实际情况与合同条款一致，避免出现资金流失问题。

第四，将各个系统使用的数据集中到通用档案数据库当中，保证数据源的唯一性，科学设置数据应用权限，安排专门的员工负责对数据进行编辑和管理，从而保证其可靠性。

（三）构建双向信息反馈机制

信息技术的发展为业务和财务的融合提供了技术基础。在这一模式下，企业财务管理不仅要进行基础的会计核算工作，还要对数据进行整理和分析，积极与业务部门进行沟通，全面了解业务开展的实际情况，动态监督经营管理各个环节，从而为业务流程的优化和经营决策的制定提供支持。财务管理信息化是一项系统化的工程，具有双向互动的特点，因而企业要积极构建双向信息反馈机制，加强业务部门和财务部门、管理层和基层、职能部门、财务部门之间的交流。同时，企业要以业务流程作为切入点，通过信息技术的应用进行线上交流平台的建设，让业务人员主动上传数据，财务人员积极参与业务流程当中，通过信息化系统对资金管理、预算管理等工作的执行情况进行监督，全面收集有价值的数据信息，通过全面审核和科学验证，保证其真实性和完整性，从财务视角帮助业务部门对工作流程进行优化，使数据信息的价值得到充分发挥，为企业经营管理活动的顺利开展提供支持。

第四节　新经济时代财务管理的创新

财务管理在企业管理工作中占有极其重要的地位，是企业对资金的筹集及有效且合理使用的一项重要管理工作。新经济时代，企业财务管理创新的路径主要从以下方面入手。

一、强化企业财务管理，健全财务管理机构

在新经济背景下，市场及行业间的竞争愈加激烈。企业要谋求生存和发展，就要重视企业的财务管理，逐渐健全企业的财务管理机构。企业的领导者要不断地深化对财务管理的理解和认识，不但要善于生产和经营，而且要善于管理，对相关的财务及会计常识和法规有一定的认识。企业管理的根本在于财务管理、会计管理及对会计信息的处理，企业生产经营过程中，资金的运转和使用及现金的

流动都需要通过财务管理来实现。在企业财务管理实践工作中，除了企业领导的重视外，还需要企业各部门的通力配合，并且要不断完善和健全财务管理的组织架构。根据企业所属的行业特点来设置相应的财务核算机构；为了保证财务管理人员的专业性，还要求财务管理人员具有相应的从业资质。只有这样，才能保证企业在正确的财务管理道路上不断发展。

二、优化企业资产结构

在这里，需要引用一个概念——知识资产。所谓知识资产，指在知识经济时代背景下，在企业的生存和发展过程中产生的显性知识和隐性知识价值的总和。知识资产并没有具体的实体形态，需要通过一定的载体才能得以展现，并在一定的阶段内可以为企业带来经济收益。

知识资产可以大致分为有形知识资产和无形知识资产：有形知识资产如专利授予的合同协议、工业品或产品外观设计；无形知识资产如产品品牌、企业的商业机密、企业管理机制、企业中的群体技能等。

在新经济时代中，知识资产在企业经营过程中的作用日益凸显，而企业的传统资产结构的局限性表现得也更加明显。因此，企业要想紧跟时代潮流，顺应社会发展，就必须遵照知识经济的要求来优化资产结构，为此要做到以下三点：

第一，明确知识资产与传统金融资产之间的比例关系。在过去，企业传统的管理理念是把金融资产等显性资产作为企业的主要资产，并对其进行成本核算、资产统计、资产管理。在当下的知识经济体系中，知识资产发挥着越来越重要的作用。企业应当在维持既有的传统金融资产管理的前提下，将更多的精力放在知识资产的经营和管理上，并将财务管理的重心转移到对知识资产的统计、核算、分析、评价上，以此来提高企业的核心竞争力。

第二，明确知识资产证券化的种类和期限结构、非证券化知识资产的债务形式和权益形式、知识资产中人力资本的产权形式等。知识资产证券化指以企业知识资产未来所产生的现金收益作为偿付手段，通过资本结构化的设计进行资产的信用增级，并以此为基础，发行知识资产支持证券的整个过程。企业可以通过知识资产证券化来进行融资，把自身的知识资产进行即时变现，并将证券化获得的资金用于企业的持续发展，以进一步提高企业的综合实力。明确知识资产证券化的种类和期限结构有助于企业进一步掌握自身的资金状况，以便合理地使用和调配资金，发挥资金的最大效能。

第三，明确传统金融资产内部之间的比例关系、层次、形式。

三、规范企业的预算编制工作

预算编制工作的进展直接影响企业各方面工作的开展，是影响企业生产经营活动的重要因素，因此要高度重视预算编制工作。

第一，企业财务部门应当加强预算编制的事前调查、数据收集和取证，预算编制的基本数据必须具备真实性和有效性。

第二，企业预算一旦编制完成，就不能随意进行更改或者调整。即使有必要进行调整或修改，也应当具有确凿的依据并且根据科学的程序进行设计。要加强预算对资产管理的权威性和约束性，增强各部门严格执行资产预算的意识。

第三，严格执行奖惩制度。凡有违法违规行为，必须按法规及制度规范进行严惩。预算编制的过程要秉持公平公正的中立立场，不能受人为因素的影响，要始终保持客观严谨性。

第四，预算项目要尽可能详细、充分、全面地进行记录，以求能够真实地反映企业各个部门的绩效水平；同时，真实且全面的预算数据可以指导各个部门工作的顺利开展。

四、加强资产管理的内部会计控制

实物资产内部管理的主要工作包括实物资产的验收入库、使用发出、保管和处置。

第一，企业应当对实物资产的管理建立严格精细的授权审批制度，制度应当明确审批人对企业实物资产管理的授权审批程序、权限、方式、相关控制措施，规定经手人办理实物资产管理的工作要求及职责要求。

第二，企业的财务部门应当对所有实物资产的购置进行及时的入账管理，应当建立企业资产台账，对于固定资产和易耗损资产应当采用永续盘存的方式，随时反映资产的存储入库和收发情况，定期盘点实物资产，并与账面数据进行比较，检验是否出现短缺或者遗漏情况。如果有短缺或遗漏，需同时查清其原因。

　　第三，建立固定资产的维修管理制度，对于维修资金的申请和使用、维修工作流程的审批控制进行管理。

　　第四，建立一套完整的固定资产处置管理制度，对企业资产报废的审批、固定资产的评估、会计账目管理等进行控制和管理。

第六章　项目投资管理与数字化技术创新

在当今快速发展的经济环境中，项目投资管理与数字化技术创新变得尤为重要。本章深入探讨投资，分析项目投资决策与社会评价。同时，研究项目投资评估与风险管理的有效方法，并着重探讨数字化技术对项目投资管理的创新。

第一节　投资

投资指的是特定经济主体为了在未来可预见的时期内获得收益或是资金增值，在一定时期内向一定领域投放足够数额的资金或实物的货币等价物的经济行为。这种经济行为旨在通过资金的合理配置和使用，实现资产的增值和财富的积累。

投资的本质在于在运动中寻得生命力。它并非静态的堆积，而是通过人类有目的、有计划的活动，驱使投资资金遵循特定的路径，在不断的循环与周转中展现其活力。此过程犹如一股涌动的溪流，唯有持续流动，方能抵达预期的目标——为个人带来更为丰厚的收益，为人类创造更为丰富的财富，进而推动经济与科技的蓬勃发展，引领人类社会迈向更加先进的文明阶段。

投资实则是一场资金的精心布局与巧妙运用。资金的投放，并非仅仅为了数字的简单增长，其背后蕴含着更为深远的考量。比如企业与个人的投资行为，更多的是以利益最大化为导向，他们在市场的浪潮中寻觅机遇，以期实现财富的累积。

第二节　项目投资决策与社会评价

项目投资决策指最终作出是否投资某个项目、选择哪种方案、如何组织实施的决定。最通俗的说法是通过投出一部分资本（货币或实物等），经过若干时间的经营，最终获得高额利润或者损失的重大事项。其一般特点是：金额大、规模大、期限长、影响大。正因为如此，项目投资一方面带来了高收益，另一方面面临着各种各样的风险。因此，在进行项目决策时，要全面考虑项目本身的可行性和风险的影响性，通过对项目投资各方案的对比分析，让管理层作出正确的投资决策。

一、项目投资决策

在商业领域，项目投资决策是一项至关重要的任务。无论是企业发展新项目、扩大业务规模还是进入新市场，有效的项目投资决策都是成功的基础。下面将详细探讨项目投资决策的方法，包括项目财务分析、项目市场研究、项目风险评估、项目战略考虑。

（一）项目财务分析

财务分析是项目投资决策的基础，通过评估项目的财务可行性和回报潜力来指导决策者做出选择。随着我国经济的不断发展，企业开始越来越重视财务的分析程序，并且将分析结果用于企业决策的参考中。以下是常用的财务分析方法：

1. 净现值（net present value，NPV）

净现值法是一种将项目未来预期产生的现金流量按照特定的折现率折现至当前时点，并扣除初始投资成本的财务分析方法。若计算得出的 NPV 值为正，则表明该项目在实施后有望为投资者带来超额的经济回报，因此具备投资的价值。反之，若 NPV 值为负，则意味着项目的经济效益可能无法覆盖其成本，投资需谨慎。

2. 内部收益率（internal rate of return，IRR）

内部收益率是使得项目净现值等于零的折现率，它反映了项目自身的盈利能力和资本效率。在实际应用中，投资者通常会将 IRR 与预期收益率或市场利率进行比较。若 IRR 高于这两者，则说明项目具有较高的投资吸引力，能够为投资者带来超出市场平均水平的回报。

3. 投资回收期（payback period）

投资回收期是通过将项目的累计净利润除以初始投资金额来计算的，反映了投资回收所需的时间长度。一般来说，较短的投资回收期意味着项目能够更快地实现盈利，从而降低投资风险，因此通常被视为更为理想的选择。然而，在实际应用中，投资者需要综合考虑项目的长期盈利能力和市场战略价值，以避免因过分追求短期回报而错失长期发展的机会。

通过综合运用净现值、内部收益率、投资回收期等财务分析方法，决策者可以对项目的经济效益进行全方位、多层次的评估，从而为制定科学、合理的投资决策提供有力的数据支持和理论依据。

（二）项目市场研究

市场研究作为项目投资决策过程中的关键环节，其核心价值在于通过系统、科学的方法对项目在市场中的竞争力及潜在需求进行全面、深入的评估。

1. 目标市场分析

目标市场分析是市场研究的第一步，也是至关重要的一步。它要求决策者明确项目的目标市场，并对该市场的规模、增长趋势、竞争对手格局、消费者行为模式有深入的了解和把握。通过对目标市场的精细化分析与界定，决策者可以更加准确地判断项目的市场潜力，为后续的投资决策提供有力的市场依据。

2. 产品定位

在市场研究中，产品定位是一个至关重要的环节。它要求决策者明确项目在市场中的定位和竞争优势，确定如何通过独特的产品特性或服务来满足市场需求，并与竞争对手形成有效的区分。通过实施差异化的产品定位策略，项目可以在激烈的市场竞争中脱颖而出，赢得消费者的青睐和忠诚。

3. 市场调研

市场调研是市场研究的重要组成部分，要求决策者运用多元化的调研方法（问卷调查、焦点小组讨论、深度访谈等）收集消费者的意见和反馈。通过市场调研，决策者可以更加深入地了解消费者对产品或服务的接受度、潜在需求、市场趋势等信息，从而为项目投资决策提供有力的消费者洞察和市场依据。

（三）项目风险评估

风险评估作为项目投资决策流程中的核心环节，其重要性不言而喻。这一环节的核心目标在于：协助决策者全面、系统地识别和评估项目在实施过程中可能遭遇的各种风险与不确定性，从而为制定科学合理的投资决策提供坚实的风险分析基础。以下是风险评估的关键要素：

1. 市场风险

市场风险评估主要聚焦于市场需求的波动性、竞争格局的潜在变化、技术和市场趋势的不确定性。具体而言，决策者需要通过市场调研、历史数据分析等手段，深入探究市场需求的变化规律，预测未来市场趋势，评估竞争对手的策略调整可能对项目造成的影响。此外，技术革新和市场趋势的不确定性也是市场风险评估中不可忽视的重要方面。

2. 技术风险

技术风险评估着重于项目所涉及技术的可行性、技术进步的潜在可能性，以及技术实施过程中可能遭遇的挑战。在此过程中，决策者需要对项目采用的核心技术进行全面的可行性分析，评估其是否能够满足市场需求，并具备持续创新的能力。同时，需要预见技术实施过程中可能遇到的难题，如技术瓶颈、人才短缺等，并制定相应的应对策略。

3. 财务风险

财务风险评估是对项目的资金需求、资金来源的可靠性、可能出现的财务困境进行全面审视。在这一环节，决策者需要根据项目的实施计划，详细估算所需的资金投入，并分析资金来源的稳定性和可靠性。同时，需要通过财务模型等工具，预测项目未来的财务状况，识别可能出现的财务风险点（如资金链断裂、成本超支等）并制定相应的风险管理措施。

通过综合评估各种风险，并制定相应的风险管理策略，决策者可以在投资决策中更好地平衡风险与回报。

（四）项目战略考虑

在项目投资决策的复杂过程中，除了对财务、市场和风险因素的深入分析外，战略因素的考量同样占据着举足轻重的地位。以下是重要的战略考虑因素：

1. 目标一致性

目标一致性是战略考量的首要因素，要求决策者对项目与企业整体战略目标的一致性和相互关联性进行深入的评估。这一评估过程不仅涉及对项目本身目标的审视，更需要对企业长期发展战略的深刻理解。通过对比项目目标与企业战略，决策者可以确保项目投资与企业的长期发展方向保持高度契合，从而为项目的后续实施和企业的长远发展奠定坚实的基础。

2. 可持续性

可持续性作为战略考量的一个重要因素，要求决策者从社会、环境和道德等多个层面出发，对项目的可持续性和环境影响进行全面的评估。在当今社会，企业的社会责任日益受到关注，一个缺乏可持续性的项目很可能在社会、环境、道德层面上遭受质疑，进而对企业的声誉和长期发展造成不利影响。因此，决策者必须确保所选项目在追求经济效益的同时，也能在社会、环境、道德层面上保持可接受性，以实现企业的可持续发展和社会责任的担当。

3. 管理能力

管理能力是战略考量的一个关键维度，要求决策者对企业在项目实施和管理方面的能力进行全面的评估。这一评估过程涉及对企业人力资源、技术能力、项目管理经验等多个方面的深入考察。一个具备强大管理能力的企业能够更好地应对项目实施过程中可能出现的各种挑战和风险，确保项目的顺利进行和预期目标的实现。因此，决策者在选择投资项目时，必须充分考虑企业的管理能力因素，以确保项目能够得到有效的实施和管理。

综合考虑这些战略因素，决策者可以确保项目投资与企业整体战略的一致性，并有助于项目的长期成功和可持续发展。

二、项目投资的社会评价

社会评价是识别、监测和评估投资项目的各种社会影响，促进利益相关者对项目投资活动有效参与，优化项目建设实施方案，规避投资项目社会风险的重要工具和手段，在国际组织援助及市场经济国家公共投资项目的投资决策、方案规划和项目实施中得到广泛应用。社会评价是对一个项目或计划在社会层面上产生的影响进行评估和分析的过程，旨在确定项目对社会的贡献和可能带来的负面影响。这种评价不仅要考虑经济因素，还要综合考虑环境、社会和治理等方面的因素。

（一）项目投资的社会评价应该关注可持续性

一个可持续的项目应该能够满足当前的需求，而不会损害子孙后代的利益。评价项目的可持续性可以从环境影响、资源利用和社会影响等方面进行分析。环境影响评价可以衡量项目对空气质量、水资源、生态系统等方面的影响。资源利用评价可以评估项目对能源、水资源、原材料等的需求和利用情况。社会影响评价可以考虑项目对当地社区、就业机会、公共服务等方面的影响。通过对这些因素进行综合评估，可以确定项目是否符合可持续发展的目标，从而保证项目投资在社会上的长期效益。

（二）社会评价还应该关注项目的社会责任

一个负责任的项目应该积极参与和改善社区的发展，尊重当地文化和价值观，并承担社会和环境风险。社会责任评价可以考察项目的社会参与度、员工福利、供应链管理、社会公益等方面。社会参与度评价可以评估项目对当地社区的参与程度和社会对话的开展情况。员工福利评价可以评估项目对员工的薪酬、培训、福利待遇的关注程度。供应链管理评价可以考察项目在采购、合作伙伴选择、社会责任监管方面的表现。社会公益评价可以评估项目对社会公益事业的支持和推动作用。通过对这些方面进行评估，可以确保项目投资在社会上具备积极的影响力，同时满足社会的期望和需求。

（三）项目投资的社会评价应该注重利益相关者的参与

利益相关者是指与项目相关的各方，包括当地居民、政府机构、员工、投资者等。他们对项目的成功与否有着直接或间接的利益关系。社会评价应该鼓励利益相关者的积极参与，听取他们的意见和建议，并尽可能满足他们的需求和期望。利益相关者参与评价可以通过社会调查、问卷调查、公众听证会等方式进行。通过与利益相关者的合作和沟通，可以提高项目投资的可接受性和可持续性，减少潜在的冲突和争议，提高项目的成功率。

（四）社会评价还应该注重公众透明度

公众透明度是指项目投资过程中信息的公开和透明度。公众有权了解项目的背景、目标、预期影响等信息，并能够参与对项目的监督和评价。项目投资者应该主动公布项目的相关信息，包括环境评估报告、社会影响评估报告、可持续性报告等。此外，应该建立有效的反馈机制，接受公众的意见和建议，并及时回应公众关切。通过提高公众透明度，可以增加项目的可信度和合法性，建立起良好的社会信任关系。

总之，项目投资的社会评价在当今社会中具有重要的作用，不仅关注项目的经济效益，还要综合考虑环境、社会和治理等方面的因素。社会评价应该注重项目的可持续性、社会责任、利益相关者参与和公众透明度，以确保项目投资在社会上产生积极的影响，同时满足社会的期望和需求。只有通过科学、全面、公正的社会评价，才能实现可持续发展和社会进步的目标。

第三节　项目投资评估与风险管理

一、项目投资评估

在项目投资的前期阶段，项目评估作为决策支持的核心环节，其重要性不言而喻。它不仅是对项目的可行性研究报告进行简单评价，更是对项目的全面审视与科学判断。因此，项目投资评估的认知可以进一步深化为：它是一个系统性、综合性的分析过程，旨在通过对最佳方案的选择、对项目可行性的再研究，为投资项目的最终决策提供坚实、科学的依据。

项目投资评估的主要工作可以总结为：全面审核可行性研究报告中反映的各项情况是否真实可靠；对项目可行性报告中提供的各项指标的准确性进行判断，包括各类参数、基础数据与成本费用等；着眼企业、社会等方面综合判断分析项目的社会效益与社会效果；对项目可行性报告的真实性、客观性、可靠性进行分析判断，对项目最终是否可行下结论；撰写项目评估报告。

项目投资评估主要包括以下内容：

（一）投资必要性评估

作为投资决策实施前的先决条件，投资项目必要性评估的核心在于对所确定的项目所生产的产品或提供的劳务是否能满足市场需求并得到社会承认进行深入的审查、分析、评价。这一过程旨在确保投资项目的合理性和可行性，为后续的投资决策提供坚实的基础。具体而言，项目投资的必要性分析涵盖了以下关键方面：

1. 投资项目必要性评估是政策与规划的契合性审查

研究投资项目是否符合国家的产业政策和长远规划是首要任务，这一步骤对于确保投资项目的宏观环境和政策导向的适应性至关重要。通过深入分析国家产业政策、区域发展规划、相关法律法规，可以评估项目在政策层面的可行性和潜在风险，从而确保项目与国家和地方的发展战略保持一致。

2. 投资项目必要性评估是对市场需求与竞争力的深入分析

通过细致的市场调查和科学的预测方法，对项目的产品或劳务的市场需求情况进行全面剖析。这包括评估市场规模、增长潜力、消费者行为、市场细分等因素，以确定项目在市场中的定位和发展潜力。同时，对项目的市场竞争力进行客观评价，分析其与现有竞争对手相比的优势和劣势，以及潜在的市场进入壁垒，从而判断项目在市场中的竞争力和可持续发展的可能性。

3. 投资项目必要性评估是对国民经济发展作用与社会意义的评估

除了市场需求和商业潜力外，项目投资还需考虑其对国民经济发展的整体作用和社会意义，包括评估项目对经济增长的贡献、对产业结构优化的推动作用、对就业和社会福利的积极影响等。通过这一评估，可以确保投资项目不仅具有经济效益，还能对社会的可持续发展有贡献，实现经济效益和社会效益的双赢。

（二）投资效益评估

投资效益评估是项目投资决策过程中的关键环节，它大体上可以分为财务效益评估、经济效益评估、社会效益评估三个层面，每个层面都承载着对项目投资效益的全面考量。

1. 财务效益评估

财务效益评估作为投资效益评估的基础，其核心在于对项目的财务基础数据进行精准的测算。这一过程需要遵循国家现行的财税制度、市场价格、相关法规，以确保评估的准确性和合规性。在财务效益评估中，项目的费用和效益被置于显微镜下，进行深入的分析和评价。这不仅包括对项目直接成本和收益的考量，还涉及对项目间接影响和潜在风险的评估。通过这些分析，可以更加清晰地了解项目的获利能力和清偿能力，从而判断项目在财务层面上的可行性。

2. 经济效益评估

经济效益评估在财务效益评估的基础上，将视角拓展至更广阔的经济领域。它不仅关注项目本身的财务状况，更着重于项目对国民经济的整体贡献。在经济效益评估中，需要分析项目对经济增长的拉动作用、对产业结构优化的推动作用、对就业的积极影响。这些分析有助于更全面地了解项目在经济层面上的价值和意义。

3. 社会效益评估

社会效益评估是对项目投资效益的更深层次考量，关注的是项目对社会的整体影响，包括对环境、文化、教育、卫生等各个方面的贡献。在社会效益评估中，我们需要评估项目是否符合社会发展的长远目标。通过这些评估，我们可以确保项目投资不仅在经济上可行，更在社会上可接受和可持续。

（三）投资风险评估

投资风险评估亦称不确定性分析，是项目投资评估中的核心环节。该评估方法专注于计算和分析项目实施过程中各种不确定性因素的变化对评估结果所产生的影响程度。在复杂的商业环境中，不确定性因素往往潜藏着风险，可能对项目的成功构成威胁。这些不确定性因素主要包括销售收入、生产成本、价格波动、投资额度、经济寿命周期等关键变量。

为了深入剖析这些不确定性因素，并量化它们对项目潜在风险的影响，有一系列专业的分析方法。其中，盈亏平衡分析是一种有效的工具，帮助人们确定项目在不同市场条件下的盈利与亏损临界点，从而评估项目的风险承受能力。敏感性分析侧重于识别那些对项目效益影响最大的不确定性因素，并量化它们的变化对项目效益的响应程度。此外，概率分析通过考虑不确定性因素的概率分布，提供了一种更为精细化的风险评估手段，能够更准确地估算项目面临的风险水平。

二、项目投资风险管理

任何投资项目都蕴含着一定的风险，有效地识别风险有助于最优决策的制定。识别项目投资风险是一个关键的过程，它帮助投资者评估并管理潜在的风险，以作出明智的投资决策。

项目投资风险识别的关键在于对项目本身进行全面的评估，包括对项目的商业模式、市场需求、竞争环境、技术可行性、财务状况等方面的分析。通过深入了解项目的关键要素，可以揭示出潜在的风险因素，并在项目投资决策中加以考虑。

（一）外部环境因素

识别项目投资风险需要关注外部环境的因素。外部环境的变化可能会对项目的可行性和成功概率产生重大影响。政策法规的调整、经济环境的波动、市场竞争的变化等都可能带来风险和不确定性。因此，投资者需要密切关注并评估这些外部因素对项目的影响，并据此确定项目的风险程度。

（二）项目团队的能力和经验

项目团队的能力和经验是识别项目投资风险的重要因素。一个经验丰富、专业的项目团队可以更好地应对项目中的各种挑战和风险。投资者应该评估项目团队的背景、专业知识、过往经验，以确定其是否具备成功完成项目的能力。项目团队的能力不足可能会导致项目执行不力，从而增加投资风险。

（三）资金和融资风险

资金和融资风险是项目投资中需要考虑的关键问题。投资者需要评估项目的融资计划和资金需求，以确定项目是否能够获得足够的资金支持，并在项目周期内满足资金需求。融资渠道的不稳定性和融资成本的上升都可能对项目的可行性和盈利能力产生不利影响，因此需要认真加以评估。

（四）定量和定性分析

识别项目投资风险需要进行定量和定性分析。定量分析通过数据和模型的运用，量化风险的大小和概率，帮助投资者更好地理解项目的风险情况。定性分析通过主观判断和专业知识，评估项目中的非量化风险，如管理风险、技术风险等。综合定量和定性分析的结果可以全面识别和评估项目投资风险。

总之，识别项目投资风险是一个复杂而关键的过程，需要综合考虑项目本身、外部环境、团队能力、资金、融资等多个方面的因素。只有通过全面的风险识别和评估，投资者才能够在投资决策中更加明智和理性，降低风险，提高投资成功的概率。

第四节　数字化技术对项目投资管理的创新

数字化技术是一种将信息转换为数字形式，以便更高效地处理、存储、传输和共享的技术手段。数字化技术对项目投资管理的创新应用体现在多个方面，这些创新不仅提升了项目管理的效率和质量，还增强了项目的透明度和安全性。

一、数据驱动决策

（一）数据收集与整合

数据收集与整合是数字化技术在项目投资管理中的首要环节。借助大数据技术和云计算平台，项目团队能够以前所未有的广度和深度收集项目相关数据。这些数据不仅包括传统的结构化数据（财务报表、项目进度报告等），还涵盖了大量的非结构化数据（社交媒体反馈、市场舆情分析等）。云计算技术的应用，使得这些海量数据得到高效存储和处理，打破了传统数据管理的时空限制，为后续的数据分析与挖掘奠定了坚实的基础。

（二）数据分析与挖掘

数据分析与挖掘是数字化技术在项目投资管理中的核心环节。通过运用先进的数据分析工具，如机器学习、统计建模等，项目团队能够从海量数据中提炼出有价值的信息和模式。这些分析不仅能够帮助识别项目的潜在风险点，还能揭示市场趋势、消费者行为等关键信息，为项目决策提供强有力的数据支撑。例如，通过对历史项目数据的深度挖掘，可以建立风险预警模型，提前识别并规避潜在的投资陷阱。

（三）智能预测与评估

智能预测与评估是数字化技术在项目投资管理中的高级应用。借助人工智能算法，如深度学习、神经网络等，项目团队能够对市场趋势、项目收益、风险水平等进行高精度预测。这种基于数据驱动的预测方法，显著提高了决策的科学性和准确性，使得项目投资策略更加精准有效。例如，通过对宏观经济指标、行业动态等多源数据的综合分析，AI 模型可以预测项目未来的市场需求变化，从而帮助投资者调整投资策略，优化资源配置。

二、自动化流程管理

（一）流程优化与标准化的创新

传统的项目投资管理流程往往烦琐复杂，缺乏标准化和规范化，这导致了项目管理效率低下和错误率上升。数字化技术的应用，特别是低代码平台的引入，为流程优化与标准化提供了新的解决方案。低代码平台具有高度的灵活性和可扩展性，可以快速构建和优化项目管理流程，实现标准化作业。通过低代码平台，项目经理可以轻松地定义、修改、扩展项目管理流程，确保流程的合理性和高效性。同时，标准化作业的实现有助于减少人为错误和提高工作效率，为项目的顺利进行提供了有力保障。

（二）自动化执行的创新

在项目投资管理过程中，存在大量重复性、烦琐的任务，如数据录入、报告生成等。这些任务不仅消耗了大量的人力资源，还容易出现错误和延误。数字化技术的应用，特别是 AI 和自动化技术的引入，使得这些重复性任务的自动化执行成为可能。通过 AI 和自动化技术，可以实现对这些任务的自动识别、处理和执行，大大提高了工作效率和准确性。同时，自动化执行有助于减少人为干预和错误，提高项目的整体质量和效益。

（三）智能调度与资源分配的创新

在项目投资管理过程中，资源的调度和分配是确保项目顺利进行的关键因素之一。传统的资源调度和分配方式往往依赖于人工决策和经验判断，缺乏科学性和准确性。数字化技术的应用，特别是大数据和 AI 算法的引入，使得智能调度与资源分配成为可能。通过大数据分析和 AI 算法，可以实现对项目需求和资源状况的实时监测和预测，并根据实际情况进行智能调度和分配。这种智能调度与资源分配的方式不仅提高了资源的利用效率，还有助于降低项目的成本和风险，确保项目的顺利进行和成功完成。

第七章 项目融资管理与数字化转型革新

项目融资作为现代经济活动中重要的资金筹措方式，对其原理与程序结构的深入理解对于成功实施项目融资至关重要。在此背景下，本章重点探讨项目融资原理与程序结构、项目融资模式与风险管理、数字化转型对融资管理的革新。

第一节 项目融资原理与程序结构

一、项目融资的目标

项目融资指贷款人向特定的工程项目提供贷款协议融资，贷款人对该项目所产生的现金流量享有偿债请求权，并以该项目资产作为附属担保的融资类型。它是一种以项目的未来收益和资产作为偿还贷款的资金来源和安全保障的融资方式。项目融资作为新时代下全新的国际化资金筹集模式，在公用和基础设施，以及能源等大规模项目创建过程中，发挥着不可替代的支持功效。

项目融资的目标是筹集资金以支持项目的开发、扩展或实施。融资是为了解决项目所需的资本需求，并为项目提供必要的资源和支持，以实现其目标和愿景。

（一）满足资本需求

大多数项目需要资金来启动、开发、扩展，用于购买设备、租赁场地、雇用员工、开展市场营销活动以及进行研发等。融资的主要目标是确保项目有足够的资金支持，以便项目顺利进行并取得成功。

（二）分散风险

创业项目或新兴公司往往面临许多风险，包括市场风险、技术风险和财务风险等。融资可以帮助分散这些风险，因为资金可以来自多个投资者或机构。这样一来，即使一个投资者或机构无法提供足够的支持或面临风险，项目仍然可以依靠其他投资者或机构的支持继续进行。

（三）实现项目的增长和扩展

通过融资，项目可以获得资本支持，进而实现业务的扩大和增长。这可能包括扩展市场份额、增加生产能力、进一步开发产品或服务线、拓展新的地理市场等。融资可以为项目提供必要的资源和能力，以促进其增长和扩展，从而提高竞争力并获得更大的市场份额。

（四）提供项目所需的专业知识和经验

投资者或融资机构通常不仅提供资金支持，还在特定领域提供专业知识和经验支持。他们可以提供战略指导、商业洞察力、行业联系，帮助项目管理团队制定正确的决策，并避免潜在的错误和挑战。这种专业知识和经验是项目融资的附加价值，可以促使项目取得更好的业绩。

（五）实现项目的长期可持续性和盈利能力

融资不仅仅是为了满足短期的资本需求，更重要的是确保项目能够实现长期的可持续发展和盈利能力。通过融资，项目可以建立稳定的财务基础，增加资本回报率，并为未来的发展提供足够的资源和支持。

总之，项目融资的目标是满足资本需求、分散风险、实现增长和扩展、提供专业知识和经验，并实现长期的可持续性和盈利能力。融资对于项目的成功至关重要，它提供了项目所需的资源和支持，帮助项目团队克服各种挑战，并实现其目标和愿景。

二、项目融资的程序

按项目融资的运作程序大致可分为五个阶段：投资决策阶段、融资决策阶段、融资结构分析阶段、融资谈判阶段、融资执行阶段。

（一）投资决策阶段

对于投资者而言，投资决策是决定是否对一个特定项目进行资本投入的首要且关键的环节。该环节的决策分析结论，作为投资决策的主要依据，其重要性不言而喻。投资决策分析的内容广泛且深入，主要包括对宏观经济形势的发展趋势进行科学的预测与判断，对项目所处的行业环境、技术可行性、市场前景进行全面的分析，以及对项目进行详尽的可行性研究等。这一系列的分析工作旨在确保投资决策的科学性和合理性，为项目的后续推进奠定坚实的基础。

在投资决策分析的基础上，一旦作出投资决策，下一项重要且紧迫的工作就是确定项目的投资结构。这里的投资结构具有特定的学术含义，指的是能够最大限度地实现投资目标的项目资产所有权结构。换言之，一个优化的项目投资结构是确保项目融资结构成功安排的必要条件。因此，投资者在确定项目投资结构时，需要综合考虑多种因素，主要包括项目的产权形式、产品分配形式、决策程序、债务责任、现金流量控制、税务结构、会计处理等方面的内容。这些因素相互关联、相互影响，共同构成了项目投资结构的核心要素。

（二）融资决策阶段

融资决策阶段的主要任务是：投资者将决定采用何种融资方式为项目的开发建设筹集必要的资金。这一决策过程涉及对多种融资方式的比较和选择，包括传统的银行贷款、债券发行、股权融资、项目融资等。其中，是否采用项目融资方式主要取决于项目的贷款数量和债务责任的分担情况。如果决定采用项目融资方式筹资，投资者就需要选择和聘请专业的融资顾问。通常，这些融资顾问来自投资银行、财务公司、商业银行中的项目融资部门，他们具备丰富的项目融资经验和专业知识。

在明确了融资的具体目标和任务要求后，融资顾问将开始研究和设计项目的融资结构。这一过程涉及对项目融资风险的全面评估、融资来源的多样化选择、融资成本的优化控制、融资时机的准确把握等多个方面。通过科学的融资结构设计，可以确保项目在获得必要资金支持的同时，实现融资成本的最小化和融资效益的最大化。因此，融资决策阶段的工作对于项目的成功推进具有至关重要的意义。

（三）融资结构分析阶段

融资结构分析阶段在整个项目融资过程中扮演着至关重要的角色，是确保融资方案科学性和可行性的关键环节。此阶段的核心任务主要涵盖以下两个方面：

1.对项目风险进行全面、深入的分析与评价

这包括系统风险和非系统风险的识别、量化、评估，以确定项目的债务承受能力和潜在风险水平。在此基础上，融资顾问和投资者需共同设计出既符合项目特性又切实可行的融资结构和资金结构，以确保融资方案的有效性和稳定性。

2. 对项目的投资结构进行必要的修正和完善

投资结构的优化不仅有助于提升项目的整体价值，还能为融资结构的顺利安排创造有利条件。因此，投资者需要在此阶段对投资结构进行细致的审视和调整，以确保其与融资结构的协调性和一致性。

（四）融资谈判阶段

在项目融资方案经过初步确定之后，项目融资便迈入了至关重要的谈判阶段。此阶段的首要且核心的任务是：融资顾问需精心准备并向商业银行或其他相关金融机构发出具有针对性的项目融资建议书，旨在邀请其参与项目融资。同时，融资顾问需要积极组织银团贷款，确保资金来源的稳定性和可靠性。此外，起草与项目融资紧密相关的各类法律文件也是此阶段不可或缺的工作内容，这些法律文件将为后续的融资谈判提供坚实的法律基础和依据。这些前期工作的周密准备和有序执行，将为融资谈判的顺利进行奠定坚实的基础，确保谈判过程的有序性和高效性。

在融资谈判的激烈交锋中，融资顾问、法律顾问、税务顾问将共同发挥着举足轻重的作用。他们凭借专业的知识和丰富的经验，不仅能够帮助投资者在谈判中占据有利地位，有效维护并保护投资者的合法权益，还能在谈判陷入僵局或困境时，及时、灵活地采取切实可行的有效措施，巧妙引导谈判向着有利于投资者利益的方向发展。这些专业顾问的积极参与和深入指导，将极大地提升融资谈判的成功率和效率，为项目的顺利融资提供坚实有力的保障和支持。

（五）融资执行阶段

在正式签署项目融资的法律文件之后，项目融资正式进入执行阶段。这一阶段是项目融资程序中的关键环节，也是实现融资目标的重要阶段，由项目融资的复杂性和特殊性所决定。在这一阶段，贷款银团通常会委派具有丰富经验和专业知识的融资顾问作为经理人，负责经常性地监督项目的进展情况。融资顾问将根据项目融资文件的规定和要求，参与部分项目的决策程序，确保项目的决策过程符合融资文件的精神和原则。同时，他们将管理和控制项目的贷款投放和部分现金流量，确保资金的合理使用和有效监管。通过这些措施的实施和执行，将确保项目融资的顺利进行和融资目标的顺利实现。

三、项目融资的结构

项目融资的结构是一个复杂而多维的概念，涉及资金筹措、风险分配、利益共享等多个方面，是确保项目顺利实施和融资目标达成的关键。

（一）资金筹措结构

项目融资的核心环节在于资金的有效筹措与配置。这一过程通常涉及多元化的资金来源渠道，包括但不限于商业银行贷款、非银行金融机构资金注入、国际金融市场融资等。资金筹措结构的设计需精细考量，以确保项目在不同实施阶段均能获得稳定且充足的资金支持。具体而言，该结构需明确界定各个资金来源所占的比例、资金到位的时间节点、附带的利率条件等关键要素，从而构建一个既符合项目资金需求又具备成本效益的资金筹措体系。此外，针对可能出现的资金缺口或潜在风险，资金筹措结构还需要纳入备用资金安排，以确保项目融资的灵活性和抗风险能力。

（二）风险分配结构

在项目融资的复杂体系中，风险的合理分配是一个至关重要的环节。经营项目往往伴随着巨额的资金投入和长期的时间跨度，对项目风险的全面评估及合理分配显得尤为必要。风险分配结构的设计需细致入微，明确界定项目可能面临的各种风险类型、风险可能带来的具体影响、各参与方应承担的风险与责任。通过科学合理的风险分配机制，可以有效降低单个参与方的风险暴露程度，进而提升整体融资结构的稳定性和可持续性。这种风险共担的机制不仅有助于增强各参与方的合作意愿和信任度，还能为项目的顺利实施提供更为坚实的保障。

（三）利益共享结构

在项目融资的复杂体系中，各参与方的利益共享机制是确保融资成功与项目顺利推进的关键所在。利益共享结构的设计需精细考量，明确界定项目收益的分配方式、时间表、具体条件，以确保各参与方的权益得到有效保障。这一结构通常涉及投资者、贷款人、供应商等多个关键参与方，通过合理的利益共享安排，可以有效激励各参与方积极投入所需资源，共同为项目的成功实施贡献力量。具体而言，利益共享结构应确保项目收益在各参与方之间的公平分配，同时考虑项目进展的不同阶段和各方所承担的风险与责任，以实现共赢的局面。

（四）融资担保结构

为了有效降低项目融资过程中的风险，融资担保结构的构建显得尤为重要。该结构需要明确担保的具体形式、价值，以及提供担保的参与方，以确保融资的稳健性。常见的担保措施包括资产抵押、股权质押、第三方保证等，这些措施可以有效增强贷款人对项目融资的信心，提高融资的成功率。融资担保结构的设计需充分考虑项目的实际情况和各参与方的风险承受能力，以确保担保措施的有效性和可行性。通过合理的融资担保结构，可以为项目融资提供有力的保障，降低融资过程中的不确定性。

（五）融资治理结构

项目融资的治理结构是确保融资过程顺利进行、各参与方权益得到有效保障的重要组织基础。融资治理结构需要明确各参与方的角色、责任、权利，以及决策机制和沟通渠道，以确保融资过程中的信息透明、决策高效、执行有力。一个有效的融资治理结构可以协调各参与方的利益诉求，减少融资过程中的摩擦和冲突，提高融资效率。同时，良好的治理结构可以增强贷款人对项目融资的信心，为项目的长期稳定发展奠定坚实基础。因此，在项目融资过程中，应高度重视融资治理结构的构建和完善，以确保融资过程的顺利进行和项目的成功实施。

综上所述，项目融资的结构是一个涉及多个方面的复杂体系。通过合理的资金筹措、风险分配、利益共享、融资担保、融资治理结构设计，可以确保项目融资的成功实施和融资目标的顺利达成。在实践中，项目融资结构的设计需要根据具体项目的特点和市场环境进行灵活调整和优化。

第二节　项目融资模式与风险管理

一、项目融资主要模式

（一）BOT 模式

BOT 模式即建设 - 经营 - 转让（build-operate-transfer）模式，是一种在国际上广泛应用的项目融资模式。该模式的核心在于：政府或政府机构与项目公司签订特许权协议，授权项目公司在特定时期内负责项目的融资、建设、运营、维护，并通过运营项目获得收益以回收投资并赚取利润。在特许经营期结束后，项目公司将项目的所有权和经营权无偿移交给政府或政府机构。

1. 特许权协议

BOT 模式的基础是特许权协议，这是政府或政府机构与项目公司之间签订的一种法律文件。该协议明确了双方在项目融资、建设、运营和维护过程中的权利和义务，包括特许经营期的长短、项目公司的投资回报要求、项目的运营标准、服务质量等。特许权协议的签订，为项目公司提供了稳定的法律保障和运营环境，降低了投资风险。

2.BOT 模式下的融资结构

在 BOT 模式下，项目公司通常需要承担项目的全部或大部分融资任务。融资结构的设计是 BOT 模式成功的关键之一。项目公司可以通过向银行贷款、发行债券、吸引外资或民间资本等方式筹集资金。融资结构的设计需要充分考虑项目的风险收益特性、投资者的风险偏好以及资本市场的状况，以实现融资成本的最小化和融资效率的最大化。

3. 建设与运营

在获得融资后，项目公司将负责项目的建设和运营。建设过程中，项目公司需要按照特许权协议的要求，确保项目的建设质量、进度、成本控制。运营过程中，项目公司需要通过提供优质的服务和产品，吸引用户并获取收益。同时，项目公司需要承担项目的维护和保养责任，确保项目的长期稳定运行。

4. 特许经营期结束后的转让

在特许经营期结束后，项目公司需要将项目的所有权和经营权无偿移交给政府或政府机构。这一安排确保了项目在特许经营期结束后的持续运营和服务质量。同时，政府或政府机构也可以通过接收项目，进一步巩固和扩大公共基础设施的建设和运营成果。

（二）TOT 模式

TOT 模式即移交－经营－移交（transfer-operate-transfer）模式，是一种在公共基础设施领域广泛采用的项目融资模式。该模式的核心在于政府或政府机构将其已经拥有的公共基础设施项目的经营权，在特定的期限内移交给项目公司，由项目公司负责经营并获取收益。待特许经营期满后，项目公司将项目的经营权无偿移交给政府或政府机构。

1. 经营权移交

TOT模式的首要环节是经营权的移交。政府或政府机构作为公共基础设施的原始所有者，通过签订特许经营协议，将其在特定时期内的经营权移交给项目公司。这一移交过程通常涉及对项目的资产状况、运营状况、财务状况等进行全面评估和审计，以确保项目公司在接手后能够顺利运营并获得预期收益。经营权移交的实现，为项目公司提供了进入公共基础设施领域并参与运营的机会，同时为政府或政府机构带来了通过市场化运营提升项目效益的潜力。

2. 项目公司经营

在经营权移交后，项目公司开始负责项目的运营。这一过程中，项目公司需要充分利用其专业经验和市场资源，通过优化运营策略、提升服务质量、降低成本等方式，提高项目的运营效率和盈利能力。通过有效的经营和管理，项目公司能够在特许经营期内实现收益的最大化，并为特许经营期满后的经营权移交做好准备。

3. 收益分配与风险承担

TOT模式的一个重要特点是收益分配与风险承担的明确性。在特许经营协议中，政府或政府机构与项目公司通常会就收益分配机制进行明确约定。项目公司通过运营项目并获得收益来回收投资并赚取利润，政府或政府机构通过特许经营协议中的条款来确保项目的公共利益和长期稳定发展。同时，双方会就风险承担进行明确划分，如运营风险、市场风险等通常由项目公司承担，政策风险等由政府或政府机构承担。这种明确的收益分配与风险承担机制，有助于降低双方的投资风险并提高项目的整体效益。

4. 特许经营期满后的移交

在特许经营期满后，项目公司需要将项目的经营权无偿移交给政府或政府机构。这一移交过程通常涉及对项目资产状况、运营状况、财务状况等的再次评估和审计，以确保项目在移交后能够继续保持稳定运营和服务质量。特许经营期满后的移交是TOT模式的重要环节，它确保了项目的长期稳定发展，并为政府或政府机构提供了在特许经营期结束后继续运营项目的机会。

二、项目融资风险管理

（一）项目融资系统风险管理

资金是维持企业正常运转的血液，是企业发展壮大的重要支撑。项目融资作为一个复杂且多维度、对资金运转进行的活动，其过程中不可避免地会遇到多种系统性风险，这些风险的存在对项目的成功融资及后续运营构成了潜在的威胁。因此，对项目融资中的系统性风险进行有效管理，是确保融资活动顺利进行并实现预期目标的关键所在。具体而言，项目融资系统风险主要包括以下方面：

1. 法律风险

法律风险主要涉及项目所在地法律法规变动问题。由于法律法规可能随时间发生变化，因此项目融资活动需要严格遵守相关法律法规，并对可能的法律变动进行预测和应对，以避免因法律问题导致的融资失败或项目受阻。

2. 经济风险

经济风险主要来自宏观经济环境的波动，如通货膨胀、利率变动、汇率波动等。这些经济因素的变化可能对项目的收益和成本产生直接影响，从而影响项目的融资能力和偿债能力。因此，在项目融资过程中，需要对宏观经济环境进行全面分析，并制定相应的经济风险管理策略。

3. 违约风险（信用风险）

违约风险主要涉及融资参与方的信用状况。在项目融资中，如果借款方或担保方出现信用问题，如违约、破产等，将直接影响融资的安全性和稳定性。因此，对融资参与方的信用状况进行深入评估，并建立有效的信用风险管理机制，是确保项目融资成功的重要一环。

（二）项目融资非系统风险管理

除了系统风险外，项目融资还面临着一些非系统风险，这些风险在建设阶段和经营阶段都需要进行管理。

1. 建设阶段风险管理

在建设阶段，项目融资面临的非系统性风险包括施工质量风险、供应链风险、工期延误风险等。为了管理这些风险，项目团队应当建立有效的项目管理体系，包括施工监督、质量控制、供应链管理等方面的措施。此外，项目团队还应与承包商和供应商建立良好的合作关系，制定合理的合同条款，并进行严格的风险评估和监测。

2. 经营阶段风险管理

在经营阶段，项目融资面临的非系统性风险主要包括市场需求风险、竞争风险、技术变革风险等。为了管理这些风险，项目团队应当进行市场调研和需求分析，制定市场推广策略，并加强产品研发和技术创新，以应对市场变化和竞争压力。此外，团队还应建立有效的品牌管理和客户关系管理机制，提高客户满意度和忠诚度。

总之，项目融资风险管理是项目成功实施的关键环节，通过有效的系统风险管理和非系统风险管理，项目团队能够降低融资风险，增加项目的成功概率，并最大限度地保护融资方和投资方的利益。

第三节　数字化转型对融资管理的革新

数字化转型是企业应对数字经济时代挑战、实现可持续发展的关键路径。它不仅仅是技术的简单应用，更是企业战略、组织、文化、流程等方面的全面转型。数字化转型的核心在于利用数字技术重构企业的价值创造和传递方式，实现业务的数字化、智能化、高效化。数字化转型正以前所未有的速度和深度影响着企业融资管理的各个方面，为企业融资带来了全新的机遇和挑战。

一、信息披露与透明度提升

数字化转型极大地加速了企业信息披露的过程，使得企业能够以前所未有的速度和效率进行财务数据的更新与共享。通过大数据、云计算等先进技术的运用，企业可以实时地将财务数据上传至云端平台，确保投资者和债权人能够迅速、准确地获取到全面、详尽的信息。这种实时更新的信息披露机制，打破了传统融资管理中信息滞后、不透明的壁垒，使得融资过程更加高效、公正。

透明度的提升不仅增强了投资者对企业的信任感，还显著降低了因信息不对称而带来的额外融资成本和风险。在数字化转型的背景下，投资者和债权人能够更加容易地获取和了解到企业的真实运营状况、财务状况、潜在的风险点，从而作出更加明智、理性的投资决策。这种基于充分信息基础的融资活动，有效避免了因信息不对称而导致的融资溢价、投资失误等问题，降低了企业的融资成本，提升了融资效率。

同时，数字化手段使得企业能够更便捷地遵守相关法规，如及时提交财务报告，从而进一步提升了企业的合规性和信誉度。在数字化转型的推动下，企业可以利用自动化工具进行财务报告的编制与提交，确保财务报告的准确性和时效性。这种合规性的提升不仅有助于企业避免因违反法规而面临的处罚和声誉损失，还能够在投资者和债权人心中树立起更加可信、负责任的企业形象，为企业的长期发展奠定坚实的基础。

二、融资流程优化与效率提升

数字化转型为融资流程的优化提供了前所未有的技术支持，使得企业融资活动得以更加高效、便捷地进行。自动化和智能化技术的应用，如人工智能（AI）和机器人流程自动化（RPA），在融资管理中发挥着举足轻重的作用。这些先进技术能够显著缩短融资审批周期，减少人工错误，并提高整体融资效率。通过 AI 和 RPA 的应用，企业可以实现融资流程的自动化处理，减少烦琐的人工操作，从而提高审批速度，降低操作成本。

此外，数字化转型推动了线上融资平台的构建。通过整合各类融资渠道和资源，线上融资平台为投资者和债权人提供了一个便捷、高效的融资环境。这种平台化的融资方式不仅打破了传统融资模式的地域和时间限制，还使得融资活动更加灵活和多样化。投资者和债权人可以通过线上平台随时随地进行融资交易，降低了融资的门槛和成本，提高了融资的便捷性和可及性。

线上融资平台的出现还促进了融资市场的竞争和创新。平台化的融资方式使得更多的投资者和债权人能够参与融资活动，增加了市场的流动性和活跃度。同时，线上平台也为融资创新提供了更多的可能性，如基于大数据的风险评估、智能化的投资策略等，这些创新进一步推动了融资管理的发展和变革。

三、风险管理体系重构

数字化转型为企业风险管理的重构开辟了全新的道路。传统的风险管理方法往往依赖于经验和定性分析，难以全面、准确地识别和评估融资过程中的各种风险。数字化转型利用大数据和机器学习技术，使企业能够以数据为驱动，对融资风险进行更精准的识别和量化评估。这种基于数据的风险管理方法不仅提高了风险管理的科学性，还使得企业能够及时发现并应对潜在的风险，从而有效避免或减少风险带来的损失。

数字化转型推动了实时风险监控系统的建立，这是企业风险管理的一大革新。实时风险监控系统能够对企业融资活动中的各种风险因素进行持续、动态的监测，一旦发现异常或潜在风险，系统会立即发出警报，使企业能够及时作出反应。这种实时、动态的风险监控方式不仅提高了企业对融资风险的敏感度和应对速度，还确保了融资活动的稳健进行，降低了因风险而导致的融资失败或成本上升的可能性。

此外，数字化转型还促进了企业风险管理文化的转变。在数字化转型的推动下，企业更加注重数据的收集、分析、应用，将风险管理融入企业的日常运营和决策中。这种以数据为基础、以风险管理为核心的企业文化不仅增强了企业的风险意识，还增强了企业应对复杂多变的市场环境的能力。

四、产品与服务创新

数字化转型为融资管理的产品和服务创新开辟了广阔的空间，使得企业能够根据深入的数据分析和客户需求洞察，为投资者和债权人提供个性化的融资解决方案。这种定制化的服务不仅精准地满足了客户多元化的融资需求，还显著增强了企业的市场竞争力。在数字化转型的推动下，企业可以更加精准地把握市场动态和客户需求，从而快速响应并推出符合市场需求的融资产品和服务。

此外，数字化转型极大地推动了金融科技与融资管理的深度融合。在这一融合过程中，诸如供应链金融、区块链融资等新型融资产品和服务不断涌现，为企业融资带来了更多的选择和机遇。供应链金融通过整合供应链上下游企业的融资需求，实现了融资活动的协同和优化，提高了融资效率和风险控制能力。而区块链融资则利用区块链技术的去中心化、不可篡改等特性，为融资活动提供了更加安全、透明的环境，降低了融资成本和风险。这些新型融资产品和服务不仅丰富了企业的融资选择，还为融资管理带来了全新的思路和工具。它们使得企业能够更加灵活地应对市场变化和客户需求，提高了融资活动的效率和风险控制能力。同时，这些创新为企业融资管理带来了更多的机遇和挑战，需要企业不断地探索和实践，以适应数字化转型带来的变革。

第八章　金融与金融创新分析

在当今复杂多变的经济环境中，金融作为经济的血脉，其重要性日益凸显。金融体系的稳健运行和金融市场的有效运作，对于促进资源合理配置、推动经济增长具有至关重要的作用。本章深入探讨金融与金融学的核心概念，解析金融机构体系与金融市场的构成与功能，并进一步分析金融创新如何对财务管理产生深远影响。

第一节　金融与金融学分析

一、金融的构成与分类

在现代市场经济中，金融活动已经渗透到人们生活的方方面面。大到国家、政府与整个社会，小到企业、家庭、个人，经济主体的一切活动都离不开金融活动。

从广义的视角看，金融泛指一切与货币的发行、保管、兑换、结算、融通有关的经济活动。资金融通的主要对象是货币和货币资金，融通的主要方式是有借有还的信用活动，融通的重要渠道是银行和非银行金融机构，融通的关键环节是风险定价和风险控制。所有这些活动，包括货币的发行、流通与回笼、货币资金的借贷、资金的汇兑与结算、票据的承兑与贴现、有价证券的发行与流通、保险基金的筹集与运用、信托与租赁、外汇及黄金的买卖、国际货币的支付与结算等，都属于金融的范围。金融是与货币、信用、银行和非银行金融机构直接相关的经济活动的总称，凡是有关资金的筹集、分配、融通、运用及其管理的各种活动，都是金融活动。金融是由诸多部分构成的大系统，既包括资金融通微观运行机制，也包括资金融通宏观运行机制。

从狭义的视角看，金融是与资本市场有关的运作机制。金融的基本内容包括有效率的市场、风险与收益、替代与套利、期权定价和公司金融等，中心点是资本市场的运营、资本资产的供给与定价。

（一）金融的构成

金融是市场经济关系发展的必然产物。在现代经济社会中，金融已经形成一个庞大的体系。概括地说，现代金融体系的构成要素如下：

1. 货币与信用

货币和信用是金融活动的基石，是现代市场经济条件下货币流通的前提和条件。金融就是伴随着货币关系和信用关系的发展而产生和发展起来的。

在现代之前，货币关系与信用关系保持着相互独立的发展状态。现代银行业产生以后，随着银行券的流通和使用范围的扩大，货币与信用逐渐相互渗透。20世纪30年代以后，彻底不兑换的银行券流通制度的实施，促使货币流通与信用流通融合起来，货币流通与信用活动变成同一过程，由此产生了金融。金融是货币关系与信用关系相互渗透的产物。

20世纪70年代以后，随着经济和社会的发展，特别是伴随着科学技术、互联网技术的飞跃发展，金融实践不断创新，金融的内涵不断深入，金融的边界不断拓展，金融业从单纯为生产与流通服务的传统金融产业转化为向社会提供各种金融产品和各种金融服务的独立的现代金融产业。在当代市场经济条件下，货币和信用的作用和地位更加明显和突出。

2. 金融机构

金融机构是金融体系的重要组成部分，是从事与金融服务业有关的金融中介组织，包括银行、证券公司、保险公司、信托投资公司、基金管理公司等。金融机构的功能是提供金融服务和金融产品。金融机构在市场上筹资获得货币资金，自营交易金融资产或代表客户交易金融资产，提供金融交易的结算服务，满足客户对不同金融资产的需求，为客户提供投资建议，保管金融资产，管理客户的投资组合。

3. 金融市场

金融市场是资金供应者和资金需求者实现货币借贷、资金融通、办理各种票据和有价证券交易活动的市场，是按特定规则形成的相互联系所构成的有机整体。根据金融市场上交易工具的期限，通常把金融市场分为货币市场和资本市场两大类。股票市场、债券市场、保险市场、信托市场、衍生性金融工具市场等是金融市场的重要组成部分。

在金融市场上，资金总是从剩余的地区和部门流向短缺的地区和部门，金融市场中交易的是各种金融工具，如股票、债券、储蓄存单等，金融市场的价格信号由利率、汇率、股指等构成。

金融市场是市场经济中不可或缺的生产要素市场。货币资金是商品经济发展的第一推动力和持续的动力。通过市场的资金融通功能，把资金从所有者手中转向需求者手中，实现资金的重新配置和优化组合，充分发挥资金的流动性和效益性，从而推动商品经济的发展。

4. 金融工具

金融工具也叫信用工具，是以书面形式发行和流通、借以保证债权人或投资人权利的凭证，是资金供应者和需求者之间继续进行资金融通时用来证明债权的各种合法凭证。金融工具是金融市场上重要的交易对象，又称为金融产品或金融商品。金融工具也是重要的金融资产，是债权人获得收益的凭证。

金融工具种类很多，通常有商业票据、银行票据、债券、股票、银行券、存款单、保险单，以及期权、期货等金融衍生工具等。金融工具各不相同，但有一些共同的特征，即偿还性、收益性、风险性、流动性。

5. 金融调控

金融调控是对金融活动进行的制度建设和监督机制。在现代经济中，金融调控是宏观经济调控的重要组成部分。金融调控是政府在整个金融领域所采取的各种方针、政策、措施的总和。各国中央银行或相关职能部门综合运用经济、法律、行政手段，调节金融市场，保证金融体系稳定运行，实现经济增长、物价稳定、充分就业和国际收支平衡。

金融调控具有丰富的内容，货币政策目标是金融调控的核心。特别是在市场经济条件下，货币政策目标既是整个金融政策的基础，又是金融调控的核心，因为金融调控最终要实现的目标是总供给与总需求的平衡。

金融调控的主要手段是货币政策及政策工具，具有经济性、间接性的特点。金融调控手段也包括政府对金融运行的管理制度，如货币制度、汇率制度、信用制度、利率制度、金融机构制度、金融市场制度、支付清算制度和金融监管制度等，涉及金融活动的各个方面和各个环节，体现在国家法律法规、规章等制度性建设中，也包括建立有效维护金融稳定的金融监管体系，以实现社会经济稳定和发展的目标。

（二）金融的分类

金融是随着商品货币关系的发展而产生和发展起来的，从简单的货币经营业，到现代银行、证券、保险的发展，到互联网时代金融衍生产品的不断涌现，当代金融已发展成为一个庞大、复杂的金融系统，在现代社会经济发展中发挥着极为重要的作用。金融可以按不同标准进行分类，主要的分类如下：

1. 按照金融活动的方式分类

按照金融活动的方式划分，金融可以分为直接金融和间接金融。金融活动既可以是直接在融资双方当事人之间进行，也可以是融资双方通过中介机构间接进行。

资金供求双方直接进行融资，金融活动不通过媒介，而是以非金融机构（企业、政府或个人）所签署的商业票据、公债、企业债券、股票以及抵押契约等作为信用工具的交易方式进行，这种方式称为直接金融。筹资者发行债务凭证或所有权凭证，投资者出资购买这些凭证，资金从供给方（投资者）手中直接转移到资金需求方（筹资者）手中，不通过信用中介机构。直接金融可以是股权融资，也可以是债权融资。

以银行等金融机构为媒介，通过发行存款单、银行票据和保险单等作为金融工具的交易方式进行金融活动，称为间接金融。资金供给者首先把资金以存款等形式借给银行等金融机构，二者形成了债权债务关系，再由银行等金融机构把资金间接地转到资金需求者手中。

2. 按金融活动的运行机制分类

按金融活动的运行机制划分，金融可分为微观金融和宏观金融。微观金融主要研究金融市场主体（家庭或个人、厂商或企业、政府、金融中介机构）的投资融资行为及其金融市场价格的决定等金融微观层次的金融活动。宏观金融主要研究金融整体的行为以及各个组成部分的关系和影响，包括货币供求、物价变动、货币政策、国际收支、金融调控、金融与经济等。

微观金融注重研究对象的具体化、差异化、结构化、多样化，注重组成整体的各个部分或相关情况下的存在形态和运行状态。宏观金融主要研究货币需求与货币供给、通货膨胀与通货紧缩、货币政策与财政政策、国际收支与外汇、国际金融市场与国际资本流动、国际货币体系等，注重研究对象的全局性、整体性。

3. 按照金融活动的地理范围分类

按照金融活动的地理范围划分，金融可以分为国内金融和国际金融。国内金融是一国国内的资金供求双方直接或间接进行的融资活动，参加者是国内经济主体，金融活动的标的物也是本国货币。国际金融指国家和地区之间的金融活动，参与者属于不同经济主体，使用的货币可能是境内货币，也可能是境外货币。

二、金融学分析

（一）金融学的研究对象

金融学作为经济学的一个重要分支，其诞生与发展是现代经济社会演进的必然产物。对金融这一概念的不同解读，直接导致了金融学研究对象认知的多样性。金融范畴，作为一个由多种要素交织而成的复杂系统，其内涵丰富且多维，金融学正是致力于探究这一范畴的本质、基本原理及其内在运动规律的学科。

具体而言，金融学的研究对象广泛涵盖了经济社会中的各类金融现象，这包括但不限于货币、信用、金融机构、金融市场等基本范畴。金融学深入剖析这些基本范畴的内在属性、相互之间的关系结构，以及它们在金融活动中所遵循的运行规律。进一步地，金融学还关注货币流通、信用创造、金融机构的运营与管理、金融市场的价格发现与资源配置机制、国际金融的波动与传导、金融宏观调控的策略与效果，以及金融监管体系的构建与完善等广泛议题。

更深层次上，金融学不仅探究金融活动的表面现象，还致力于揭示金融活动背后所蕴含的社会经济关系。这意味着金融学不仅关注金融变量的数量变化，更重视这些变化背后的经济逻辑、社会影响、制度因素。通过对金融现象的多维度、深层次分析，金融学旨在为理解现代经济社会的运行机制、制定有效的经济政策，以及促进金融体系的稳健发展提供理论支持与实践指导。

（二）金融学的研究内容

1. 金融范畴的理论分析

金融范畴的理论分析是金融学研究的基石。它涵盖了货币、信用、利息、利率、汇率等金融基本范畴，以及这些范畴在运动过程中所呈现出的规律。通过对这些基本范畴的深入剖析，金融学研究得以揭示金融活动的本质特征，为后续的实证研究提供理论支撑。在这一部分，金融学不仅关注金融变量的静态属性，更重视其动态变化过程，以及这些变化对经济社会的影响。

2. 金融的宏观分析

金融的宏观分析是从金融体系整体的角度出发，对金融系统的运行规律进行深入研究。这一层面的分析涉及货币需求与货币供给的平衡关系，货币均衡与市场均衡的相互作用，利率与汇率的形成机制及其对经济的影响，通货膨胀与通货紧缩的成因、影响及治理策略，金融与经济发展的相互关系，金融体系与金融制度的构建与优化，货币政策与金融宏观调控的实施效果与改进方向，以及国际金融体系与国际宏观政策的协调机制等。金融的宏观分析旨在揭示金融体系在宏观经济运行中的地位和作用，为政府制定有效的金融政策、维护金融稳定、促进经济增长提供理论依据和实践指导。

3. 金融的微观分析

金融的微观分析是从金融市场主体个体的角度研究金融运行规律。金融的微观分析主要包括金融市场分析和金融中介分析。

金融市场分析主要研究金融市场主体（投资者、融资者、个人、厂商）的投融资决策行为及金融资产的价格决定等内容。这些金融决策理论是个人理财、公司理财乃至一切有理财要求的部门所共同需要的。该领域的分支学科包括金融市场学、证券投资学、公司财务学、金融工程学、金融风险管理和金融资产定价等。金融中介分析主要研究金融中介机构的组织、经营和管理，该领域主要的分学科包括商业银行学、投资银行学、保险学和微观银行学等。

4. 金融史研究

金融史研究包括对金融史、金融学说史、当代东西方各流派金融学说史，以及对各国金融体制、金融政策的分别研究和比较研究。

伴随社会分工的精细化，金融学与数学、统计学、工程学、心理学、法学等相关学科紧密联系，产生了一些与金融学交互研究的新的分支学科。与金融相关性较强的交叉学科主要有：由金融学和数学、统计、工程学等交叉而形成的金融工程学；由金融学和生物学、心理学等交叉而形成的演化金融学、行为金融学；由金融和法学交叉而形成的法和金融学。随着经济的不断发展，金融学与其他学科交叉的现象必将得到进一步的深化和广泛化。

第二节　金融机构体系与金融市场

一、金融机构体系

金融机构通过疏通、引导资金的流动，促进和实现了资源在经济社会中的分配，提高了全社会经济运行的效率。金融机构是金融体系的重要组成部分，多层次、结构合理的金融机构体系能为经济金融活动提供广泛的金融服务，在整个国民经济运行中起着举足轻重的作用。

（一）银行类金融机构

在现代银行制度下，中央银行处于核心地位，商业银行居于主导地位。按在经济中的功能划分，银行类金融机构包括中央银行、商业银行、专业银行。由以上三者构成的体系通常被称为中央银行体系。

1. 中央银行

中央银行在金融机构体系中具有特殊的地位。中央银行既是金融市场的参与者，又是金融机构和金融市场的监管者。

中央银行是在银行业发展过程中从商业银行中独立出来的一种银行，现在几乎所有的国家或地区都有中央银行或类似中央银行的金融机构。中央银行是各国金融机构体系的中心和主导环节，对内代表国家对整个金融体系实行领导和管理，维护金融体系的安全运行，实施宏观金融调控，是统治全国货币金融的最高机构；对外是一国货币主权的象征。

中央银行的制度形式主要有四种：

①单一的中央银行制度，即在一国范围内单独设立一家统一的中央银行，通过总分行制，集中行使金融管理权。

②二元的中央银行制度，即在一国范围内建立中央和地方两级相对独立的中央银行机构，分别行使金融管理权。

③跨国中央银行制度，即几个国家共同组成一个货币联盟，各成员国不设本国的中央银行，而由货币联盟执行中央银行职能。

④准中央银行制度，即一个国家或地区只设类似中央银行的机构，或由政府授权某个或某几个商业银行行使部分中央银行职能。

2. 商业银行

商业银行机构数量多、业务渗透面广、资产总额比重大，是金融机构体系中的骨干和中坚，是最早出现的现代银行机构。

现代商业银行以经营工商业存贷款为主要业务，并为顾客提供多种服务。其中通过办理转账结算实现着国民经济中的绝大部分货币周转，同时起着创造存款货币的作用。它始终居于其他金融机构所不能替代的重要地位。商业银行是办理各种存款、放款、汇兑业务的银行。在金融领域内，业务范围的广泛性、资金规模的雄厚性决定了商业银行是一种最重要的金融机构。

商业银行既是资金的供给者，又是资金的需求者，参与金融市场的所有活动。作为资金的需求者，商业银行利用其提供的储蓄、支票转账等特殊服务大量吸收居民百姓、企事业单位暂时闲置不用的资金，还发行金融债券，参与同业拆借等。作为资金的供给者，商业银行主要通过贷款和投资提供资金。此外，商业银行还可以通过派生存款的方式创造或收缩货币数量，对资金的供求产生巨大的影响。因此，任何国家和政府都非常重视对商业银行行为的调控与管理。

3. 专业银行

专业银行是指专门经营指定范围业务和提供专门性金融服务的银行。其特点如下：

（1）专门性

专业银行是社会分工发展在金融业的表现，其业务具有专门性，其服务对象是某一特定部门或领域。

（2）政策性

专业银行的设置往往体现了政府支持和鼓励某一地区和某一部门或领域发展的政策指向，其中开发银行、进出口银行等专业银行的贷款，具有明显的优惠性，如政府贴息和保险，以及借款期限和还款期限较长等。

（3）行政性

专业银行的建立往往有官方背景，有的就是政府的银行或政府代理银行。

专业银行主要有投资银行、不动产抵押银行、开发银行、储蓄银行、进出口银行、农业银行等。

（二）非银行类金融机构

在习惯上，通常把中央银行、商业银行、专业银行以外的金融机构称作非银行类金融机构，也称为其他金融机构。这类机构不以吸收存款为资金来源，而是以特殊方式吸收资金，再以特殊方式运用资金，在特殊的运营中取得金融利润，包括保险公司、证券公司、资产管理公司、投资基金、邮政储蓄机构、财务公司、信托投资公司和租赁公司等。

1. 保险公司

保险公司是一种专门经营保险业务的非银行类金融机构。资金主要来源于按一定标准收取的保险费。将保险费集中起来建立保险基金，投保人一旦发生意外，保险公司将在契约规定的责任范围内承担损失的补偿责任。按照保险种类分类有形式多样的保险公司，如人寿保险公司、财产保险公司、灾害和事故保险公司、老年和伤残保险公司、信贷保险公司、存款保险公司、再保险公司等，各类保险公司是各国最重要的非银行类金融机构。

2. 证券公司

证券公司是专门从事各种有价证券经营以及经纪业务的金融机构。大多是由国家或地方政府出资设立，也有极少部分是股份制。主要业务是有价证券的自营买卖、受客户委托代理证券买卖、销售有价证券、认购有价证券等。

3. 资产管理公司

资产管理公司是美国、日本、韩国等国对从金融机构中剥离出的不良资产实施公司化经营而设立的专业金融机构。

资产管理公司的业务范围是：追偿债务；对所收购的不良贷款形成的资产进行租赁或者以其他形式转让、重组；债权转股权，并对企业阶段性持股；资产管理范围内公司的上市推荐及债券、股票承销；发行金融债券，向金融机构借款；财务及法律咨询，资产及项目评估；经管理部门批准的其他业务活动。资产管理公司可以向中央银行申请再贷款。

4. 投资基金

投资基金是通过发行基金股票或基金收益凭证，将众多投资者的资金集中起来，直接或委托他人将集中起来的资金投资于各类有价证券或其他金融产品，并将投资收益按原始投资者的基金股份或基金受益凭证的份额进行分配的一种投资金融中介机构。投资基金，在美国称为共同基金，在英国称为单位信托基金，在日本称为证券投资信托。投资基金的组织形式有契约型和公司型。

5. 邮政储蓄机构

邮政储蓄机构是一种与邮政部门关系密切的非银行金融机构，主要经营小额存款。它吸收的存款一般不用提缴准备金，资金运用一般存入中央银行或购买政府债券。这种金融机构的设立最初是为了利用邮政部门广泛的分支机构，提供廉价有效的邮政汇款服务，提高结算速度，加速资金周转，因此在各国发展比较普遍。

二、金融市场分析

金融市场是以金融资产为交易对象、以金融资产的供给方和需求方为交易主体形成的交易机制及其关系的总和，它包括三层含义：金融市场是金融资产进行交易的一个有形和无形的场所；金融市场反映了金融资产的供应者和需求者之间所形成的供求关系；金融市场包含了金融资产交易过程中所产生的运行机制，其中最主要的是价格（利率、汇率及各种证券的价格）机制。金融资产是指一切代表未来收益或资产合法要求权的凭证，亦称为金融工具或证券。金融资产可以划分为基础性金融资产与衍生性金融资产。

金融市场由以下部分构成：

（一）金融市场的交易主体

1. 企业

企业在金融市场中扮演着至关重要的角色，是市场运行的基础所在。企业不仅通过短期资金筹集活动来满足日常经营需求，进而提升企业财务杠杆比例和盈利能力，还通过发行股票或中长期债券等多样化融资手段来筹措资金，旨在扩大再生产和经营规模，实现企业的长期发展目标。值得注意的是，企业在特定情境下也会成为金融市场上的资金供应者，为市场注入流动性。此外，工商企业在风险管理领域也发挥着积极作用，作为套期保值的主体，通过金融市场工具来规避价格波动风险，保障企业运营的稳定性。

2. 金融机构

金融机构在金融市场中占据主导地位，既是资金的供应者，也是资金的需求者，扮演着双重角色。作为资金的供应者，金融机构通过发放贷款、拆借、贴现、抵押、买进债券等多种金融手段，向市场输出资金，满足其他经济主体的融资需求。同时，作为资金的需求者，金融机构通过吸收存款、再贴现、拆借等方式，将资金最大限度地集中到自己手中，以便进行更有效的资金配置和风险管理。

这种资金的双向流动机制，使得金融机构成为金融市场资金循环的枢纽。

3. 家庭和个人

家庭和个人是金融市场上不可或缺的参与者，既是资金的供应者，也是资金的需求者。作为资金的供应者，家庭和个人通过储蓄、投资等方式向市场提供资金；作为资金的需求者，他们通过贷款、融资等手段来满足消费、投资等多元化需求。此外，家庭和个人积极参与风险的转让和受让活动，通过购买保险、参与证券投资等方式来分散和转移风险，实现财富的保值增值。

4. 政府部门

政府在金融市场中扮演着特殊的角色。一方面，政府是金融市场上最大的资金需求者，通过发行国债等方式筹集资金，用于基础设施建设、社会保障等公共支出；另一方面，政府通过其授权的中央银行制定并执行货币政策，对金融市场进行宏观调控，以维护金融市场的稳定和促进经济的健康发展。政府部门的这种双重角色使得其在金融市场中具有举足轻重的地位。

（二）金融市场的交易载体

金融市场的交易载体通常被称为金融工具，是金融市场运作的核心要素。货币资金作为一种具有内在价值的经济资源，其转让并非无偿或无依据的，而是需要一种契约或凭证作为载体，以确保资金的安全流转。因此，那些以书面形式发行和流通，用以确保债权债务双方权利与责任的信用凭证，被统称为信用工具或金融工具。

金融工具在金融市场中扮演着至关重要的角色，它们以多样化的形式存在，以满足资金供求双方的不同需求。具体来说，金融工具主要包括：债权债务凭证，如票据、债券等，它们代表了债权人与债务人之间的债务关系，是资金借贷活动的基本工具；所有权凭证，如股票，它代表了股东对公司所有权的份额，是资本市场的重要组成部分；近年来迅速发展的各种金融衍生工具，如远期合约、期货合约等，它们是在基础金融工具之上派生出来的，用于对冲风险或投机获利的工具。

这些金融工具各有其独特的特点和功能，能够满足资金供求者在不同情境下的多样化需求。例如：债权债务凭证为资金借贷双方提供了明确的债务关系和还款计划；所有权凭证使得投资者能够分享公司的盈利和增长；金融衍生工具为市场参与者提供了更多的风险管理和投资选择。因此，金融工具的多样性和复杂性是金融市场得以高效运转的重要基础。

（三）金融市场的交易对象

金融市场的交易对象是货币资金。但在不同的场合，这种交易对象的表现是不同的。在信贷市场上，货币资金作为交易对象直接进行交易和转让。在证券市场上，直接交易的是股票或债券，交易对象似乎转换了。但从本质上讲，交易的仍然是货币资金，因为有价证券是虚拟资本，本身不具有价值和使用价值，人们取得的这些金融工具不具备使用价值上的意义，只有货币才具有价值和一般的使用价值，人们通过交易取得货币才能投入再生产，所以有价证券的交易反映的是货币资金交易。

（四）金融市场的交易价格

由于金融市场交易的对象是货币资金，因此金融市场的交易价格即货币资金的价格。理论上一般认为，货币资金的价格是利率。从现实来看，金融市场上的价格通常也表现为利率，这包括存款利率、贷款利率、银行同业拆借利率、债券利率等。

第三节　金融创新对财务管理的影响

作为企业追求利润机会的重要手段，金融创新通过重组金融要素，创建新的"生产函数"，在支付清算、金融工具、金融监管、组织制度等多个方面实施创新，极大地推动了金融领域的发展。然而，金融创新在促进金融发展的同时，也带来了新的金融风险，对原有的金融监管措施和制度构成了挑战，增加了监管的难度。金融创新的概念，本质上是在金融领域内通过创新与重组引入或创造新事物的过程。这一过程不仅改变了金融环境，也为企业财务管理带来了新的变化。

一、金融创新给企业财务管理带来的新变化

（一）金融创新驱动企业财务管理实施新措施

金融创新正在深刻改变着企业所处的财务和金融环境。面对这一变化，企业的财务操作必须作出相应的调整。金融创新不仅影响了企业原有的财务管理流程

和形式，还带来了新的金融创新产品和工具。这些新产品和工具不仅能够为企业创造新的利益，也可能带来新的风险。因此，企业的财务管理必须面对金融创新带来的新问题，探索应对策略，实施相关业务的改造，调整金融业务的规模和结构，以培育适应新财务环境的合理业务组合。同时，企业需要挖掘新的金融创新产品和工具所带来的利益，并防范其可能带来的新风险。

（二）金融创新促使企业财务管理转变观念与管理模式

金融创新要求企业在财务管理方面改变过去的管理形式和财务决策观念。金融创新使得财务环境变得更加复杂，不确定性因素增多，融资途径和手段也更加多元化，可替代的融资模式增加，这使得明确的选择决策变得比以往更加困难。同时，投资风险也在增大，新的风险源头不断出现，风险控制变得更加复杂和困难。因此，企业必须转变传统的财务管理观念和管理模式，以应对金融创新带来的新挑战。

（三）金融创新促使企业在财务管理中选择有利的金融工具

金融创新带来了一系列新的金融工具，能够为企业经营带来越来越大的便利和利益。因此，企业在财务管理中必须下功夫研究如何运用这些有力的工具。这就要求企业重塑自身的财务管理流程，或者实施针对性改革。财务工作所必须具备的技能也在发生变化，需要增强财务管理工作在投融资决策方面的能力。相关的财务工作者不仅需要了解财务管理的内容，还需要了解金融业务，并将二者很好地融合在一起。此外，财务机构的信息流必须拓宽，需要在过去的企业内部财务信息上传下达的流程中，科学地融入外部相关的财务与金融工具信息的吸收和传输，以便及时地利用这些信息和工具服务于财务活动。在财务机构中，需要设置与相关的金融创新主体——金融与金融管理部门沟通的公共关系管理者或职能，以便能够及时有效地捕捉相关信息，并更加高效地应用新的财务工具和金融工具。

二、金融创新给企业带来的新利益

在全球经济一体化的背景下，企业财务管理的核心内容逐渐聚焦于如何针对金融创新进行深入研究，并实施相应的财务战略，以优化企业的财务管理体系。这一过程的终极目标，是促使金融创新产品或工具能够为企业创造新的利益。这一目标的实现，可以从借助金融创新提升资产收益率、化解财务风险、提高企业融资水平等多个方面来具体体现。

（一）借助金融创新提升资金收益率

企业在管理其闲置资金时，可以通过选择收益较高、风险相对较低、投资周期适中的金融工具进行投资活动，从而提升闲置资金的收益率。这一过程不仅要求企业对金融市场有深入的了解和敏锐的洞察力，还需要企业具备灵活的资金调配能力和风险控制能力。通过金融创新，企业可以更加灵活地运用其闲散资金，实现资金的增值和保值，进一步提升企业的整体财务效益。

（二）借助金融创新化解财务风险

金融创新为企业提供了多样化的风险管理工具，帮助企业有效地转移和化解经济风险。例如，长期外汇合约可以帮助企业应对外汇风险，利率互换可以帮助企业应对利率风险，商品期货与期权可以帮助企业应对商品价格风险，场外交易期权可以帮助企业应对权益风险。这些金融创新产品与风险管理紧密相连，随着金融期货市场的发展和各种衍生性金融工具的出现，企业需要学习和掌握这些国内外金融工具，以适应企业经营的需要。同时，为了规避投资风险，企业还需要实施跟进战略，避免盲目地开拓市场，而是应该跟随成功者的步伐，采取稳健的经营策略，以有效地防范风险。

（三）借助金融创新提高企业融资水平

金融创新可为企业提供多样化、低成本和高效率的融资途径。金融创新的持续发展为企业的融资模式提供了更多的选择机会，有助于提升企业融资的水平和效率。近年来，一系列新的创新融资产品应运而生，如认股权证融资、浮动利率产品融资、风险投资融资、金融财团融资、可转换债券融资等。这些新的融资模式不仅为企业提供了多样化的融资渠道和融资方式，还降低了企业的融资成本，提高了企业的融资效率。通过运用这些新的融资工具，企业可以更加灵活地调整其资本结构，优化其财务状况，进一步提升其市场竞争力和盈利能力。

第九章　管理会计实践与智能会计系统设计

在数字化时代背景下，管理会计与智能会计系统的结合成为企业提升决策效率的关键。本章将深入探讨这一融合如优化成本核算、预测与决策分析、控制评价流程。通过智能系统的设计与应用，企业能够更精准地把握运营脉搏，实现会计信息的高效管理和利用，推动数字化会计转型，为企业的持续发展注入新动力。

第一节　管理会计的成本核算

管理会计是现代企业会计管理中的重要岗位，主要职能是对企业的生产经营情况进行分析和预测，为企业的战略决策提供参考和依据，使企业更好地应对市场环境的变化和相关政策的调整，促进企业高质量发展。管理会计在成本核算中运用多种方法，包括完全成本法、变动成本法、作业成本法，以满足企业在不同经营环境下的成本管理需求。

一、完全成本法

完全成本法又称吸收成本法，是一般意义上的生产成本计算方法。完全成本法以成本按经济职能分类为前提，将产品生产中所发生的直接材料、直接人工、全部制造费用都计入产品成本；将非生产成本（如管理费用和销售费用）作为期间费用处理，并按照传统损益法计算利润。由于这种成本计算法将生产过程中的全部生产成本作为产品成本和存货成本来处理，所以称为完全成本法。

在完全成本法下，固定制造费用与产品生产过程中消耗的直接材料、直接人工和固定制造费用一样，汇集于生产成本，并随产品的流动而结转，从而使本期已销产品和期末存货具有完全相同的成本组成。变动成本法将固定制造费用作为期间费用处理，计入当期损益。两种计算方法对固定制造费用的转销时间并不一致。完全成本法的主要目的是为存货估价、确定损益和制定产品价格提供可靠的依据。完全成本法是一般公认会计准则所认定的成本计算方法，被广泛应用于财务会计的存货计价和成本核算中。常用的成本核算方法（分批法、分步法等）都属于完全成本法。

二、变动成本法

为了改变以往在财务中对会计的计算模式，对成本的核算方式就又产生了一种新的方式，即变动成本法。变动成本法是指企业在计算产品成本时，只包括变动生产成本，将固定性制造费用作为期间成本处理，按贡献式程序确定损益的一种成本与利润的计算方法。采用这种方法，可以提供固定成本、变动成本、贡献毛益、税前利润等相关信息。这些信息不仅可以用于利润预测与规划、经营决策与成本控制，还可以用于业绩评价与业绩激励，有助于企业提高管理效率和管理水平。

三、作业成本法

随着市场竞争日趋激烈，制造企业向智能化、现代化迈进，成本架构发生改变，面临成本控制问题。作业成本法能解决传统成本法间接费用分配缺陷，并准确计算产品成本，进一步加强成本控制。

（一）作业成本法适用的条件

1. 具备一定的资金实力和信息系统开发能力

作业成本法由于在间接费用分配上的复杂性，相较于传统成本核算方法需要更加精细的操作。企业在实施作业成本法时，需要建立多个作业中心来进行费用的归集和分配，这一过程显著增加了成本核算的难度。在处理复杂的作业成本信息时，手工操作难以满足精确核算的需求。因此，具备一定的资金实力和信息系统开发能力成为关键条件。

2. 具备较强的信息系统开发能力

由于作业成本法的实施与企业的具体实务紧密相关，不同企业的作业中心设置具有较大的差异性，目前尚无普遍适用的作业成本法软件解决方案。因此，企业在引入作业成本法时，往往需要在现有的成本核算系统基础上进行二次开发，以适应作业成本法的核算要求。这一过程不仅要求企业具备足够的资金投入，还需要具备较强的信息系统开发能力，以确保系统能够有效支持作业成本法的应用。仅当企业具备上述条件时，作业成本法才能得以有效实施。

（二）作业成本法的适用范围

从适用的具体状况来看，如果存在如下状况之一，企业应实施作业成本法：

第一，间接费用占全部制造费用比重较高，超过50%。

第二，管理当局对传统成本计算系统提供的核算信息准确度不满意。

第三，管理当局拟从营利角度确定产品的品种结构。

第四，产品品种多样性梯度高，结构复杂。

第五，大部分产品属于单件小批生产，产品变化较大。

第六，生产中经常发生调整生产作业，但很少相应调整会计核算系统。

虽然作业成本法产生于制造费用的比例升高，但实务应用中并不受此比例制约，无论实务中的制造费用比例高与低，都可以应用作业成本核算。

第二节 管理会计的预测与决策分析

一、管理会计的预测分析

预测是指用科学的方法预计、推断事物发展的必然性或可能性的行为，即根据过去和现在预计未来，由已知推断未知的过程。经营预测是企业根据现有的经济条件和掌握的历史资料及客观事物的内在联系，对生产经营活动的未来发展趋势和状况进行预计和测算。企业的经营对企业的长远发展及利益的实现有非常大的影响，要想实现长远发展，就需要做好经营预测工作，分析出市场的需求，找到拉动企业及行业发展的原动力。管理会计的预测分析的关键作用在于通过对未来财务状况和经营成果的合理预估，为企业决策提供科学依据。

（一）经营预测分析

经营预测分析是运用专门的方法进行各类经营指标预测的过程。经营预测分析为规划服务，它提供的数据最终被纳入预算，成为编制预算的基础。经营预测分析中由于现实形势异常复杂，瞬息万变，使得预测未来十分困难，但这并不意味着经营指标预测不可能。一方面，任何经营活动不论其繁简程度如何，都有一定规律可循；另一方面，现代信息技术的发展及现代数学方法的发展为经营预测创造了可能条件，提供了必要保障。因此，在现代经济条件下科学地开展经营指标预测既有必要也有可能。

1. 经营预测分析的程序

经营预测分析的一般程序，大体可分为以下五个步骤：

（1）预测目标的确定

预测时必须想清楚对什么进行预测、将达到什么目的，这需要根据企业经营的总体目标来设计和选择。确定预测目标、明确预测所要解决的问题，是进行预测分析的第一步。有了明确而具体的预测目标，才能为进一步搜集资料、选择方法等指明方向。在确定预测目标时，应当从实际需要出发，分清主次缓急。首先要抓住决策、计划迫切需要解决的问题；同时，还要考虑到主观能力和预测费用开支，力求做到量力而行。在预测目标确定的同时，应该根据预测的具体对象和内容确定预测的期限和范围。

（2）收集、整理资料

根据已确定的目标，尽可能全面地收集与预测目标有关的各因素的原始资料、数据，包括经济、技术、市场的计划资料和实际资料。在占有大量资料的基础上，按照一定方法对资料进行加工、整理、归纳，尽量从中发现与预测对象有关的各因素的相互依存关系。对资料加以整理、选择、分析，统一资料口径，以增强不同时期资料的可比性，寻找客观规律。通过历史资料的分析，可以看出预测分析对象的历史演变过程，揭示其内在联系与发展趋势。

（3）预测方法的选择

选择适当的预测方法进行预测是取得预测成果的关键一步。采用不同的预测方法，所用的数据资料是有所不同的，搜集资料要尽可能满足使用某一种或某几种预测方法的要求，不能一成不变。对于那些可以建立数量模型的预测对象，应反复筛选比较，以确定最恰当的定量预测方法；对于那些缺乏定量资料的预测对象，应当结合以往经验选择最佳的定性预测方法。

（4）实施预测与评价

运用选定的预测方法和建立的数学模型，分别进行定量分析和定性分析，得出预测结果。评价预测结果可以从统计检验和直观判断两个不同方面入手，对用统计和数学方法取得的预测结果进行评价，以判定预测结果的可信程度，以及是否切合实际。

（5）预测结果的修正

一般用定量方法进行的预测，经常会因为某些因素而影响预测的精度，要检查前期预测结论是否符合当前实际，分析产生差异的原因，来验证预测方法是否科学有效。可以采用定性的方法考虑这些因素，并据以修正定量预测的结果。对于定性预测的结果也应采用定量的方法加以补充、修正，以使结果更接近实际。

2. 经营预测分析的方法

经营预测分析方法是否科学、合理，直接影响到决策的正确性。通常，经营预测分析的方法可以概括为两大类：定性分析法和定量分析法。

（1）定性分析法

定性分析法是用定性的方法来确定未来事件的发展性质，以及可能估计到的发展程度的方法，又称直观预测法或经验判断法。定性分析法的特点是直观简单、适应性强、花费较少。这种方法的主要依据是主观判断和直观预测，适合在统计数据、原始资料缺乏或主要因素难以定量分析的条件下应用。它主要包括典型调查法、抽样调查法、直接调查法、专家集合意见法等。这种方法在预测分析活动中已得到广泛使用，不容忽视。

（2）定量分析法

定量分析法也称数量分析法，核心在于运用统计数据和数学工具，使预测过程具有高度的客观性和精确性。定量分析法不仅依赖于丰富的历史数据，还注重对数据间关系的深入挖掘，以期通过数据的逻辑性和相关性，为未来的发展趋势提供可靠的依据。它的应用能够大幅提升预测的准确度和可靠性，为决策者提供有力的支持。在现代研究与实践中，定量分析法已成为广泛应用的工具，其优势在于能够减少主观因素的干扰，并通过数据的严格处理和分析，揭示潜在的趋势与规律，从而为决策制定提供科学依据。定量分析法的有效性和科学性，使其在多个领域中获得了高度认可，并为进一步的研究和应用奠定了坚实基础。

（二）销售预测分析

在市场经济条件下，企业的生产不能盲目进行，而是应由市场的需求来决定，"以销定产"是一个经营原则。因此，销售预测就成了企业编制预算、组织生产等一系列经营活动的重要依据。

企业在进行销售预测时，应该充分研究和分析本企业产品销售的相关资料，诸如产品价格、产品质量、售后服务、推销方法等；另外，对企业所处的市场环境、物价指数、市场占有率及经济发展趋势等情况也应进行研究分析。在此基础上，选择相应的方法进行预测。比较而言，在经营指标预测中，预计销售量通常处于预测的首要地位。因为没有销售，一切都是空谈。实务中预测销售量的方法有很多，既可以采用定性分析，也可以采用定量分析。

销售预测即销售量预测，又称为产品需求量预测，指根据市场调查所得到的有关资料，通过对有关因素的分析研究，预计和测算特定产品在未来一定时期内的市场销售量水平及变化趋势，进而预测本企业产品未来销售量的过程。由于企业的销售量信息不对外披露，因此以下所述方法也适用于销售收入的预测。

1. 销售预测的定性分析

从定性的角度看，预测销售量常常采用的分析方法有判断分析法和产品寿命周期分析法等。

（1）判断分析法

判断分析法指的是判断某一个产品在具体销售期间当中的销量情况的方法。判断分析主要由参与产品经营的管理人员或者了解行业实情、掌握渊博知识的专家负责。根据判断人员的不同，可以将判断分析法划分成以下三个类别：

第一，推销员判断法。该方法要求企业负责产品销售的推销人员作出判断，推销人员判断时需要结合自身的调查数据，然后在此基础上在表格中填写某一个产品可能获得的市场销售数值。推销人员判断完成之后，销售部门经理需要综合对所有推销人员的预测进行整合分析。

推销员判断法的优势在于所需时间比较短，不需要花费过多的费用。但是，此方法也有不足之处，推销人员必须如实向企业反映真实情况。在现实生活中，不同的推销人员素质水平不一致，在预测产品的时候可能没有办法作出准确的判断，对产品销售抱有过于乐观或过于悲观的错误想法，最终影响到结论的正确性。企业是否对其设置销售量方面的要求也会影响到销售人员的预测数值：如果企业设置了规定定额，销售人员为了给自己的工作留有余地，会尽可能地低估销售数值；如果企业按照销售数额为销售人员提供经费，推销人员会故意报高销售数据。

第二，综合判断法。该方法要求企业的销售主管人员及企业各个地区的经销商对产品销售情况作出预测判断。销售主管人员及经销商有着非常丰富的产品销售经验，他们对产品销售数额做出的预测会更加准确。综合判断法能够集思广益、博采众长、快捷实用，但预测结果也会受到有关人员主观判断能力的影响。因此，应用此法时，应事前向预测人员提供近期有关经济形势及市场情况的资料，并在他们各自预测的基础上进行讨论、分析、综合平衡，最终得出结论。

第三，专家判断法。这里的专家指的是在经济方面掌握了渊博知识、拥有大量工作经验的专家。比如说，专家可以是对企业自身或者本行业有深层次了解的企业领导人。

（2）产品寿命周期分析法

产品寿命周期分析法是利用产品销售量在不同寿命周期阶段上的变化趋势进行销售量预测的一种定性分析方法。此方法依据的基本原理是：在产品寿命周期的不同阶段，销售量的发展趋势是不同的。通过此法的应用，可以纠正其他方法在预测中的偏差。

第一，产品寿命周期。产品寿命周期是新产品试制成功之后，从产品投入市场开始，到被市场淘汰为止的整个发展过程，一般经过萌芽期、成长期、成熟期、衰退期四个阶段。

第二，不同阶段销售量的预测。利用产品寿命周期分析法预测销售量，应首先了解产品所处的发展时期，并确定这一时期能延续多久，然后就可以预测今后若干年内产品销售量的变化情况。判断产品所处的寿命周期阶段，通常采用计算销售增长率的办法。一般来说，萌芽期增长率不稳定，成长期增长率最大，成熟期增长率稳定，衰退期增长率小于零。所以，可以根据产品销售增长率来判断产品所处的寿命周期阶段。具体来说，成长期每年的增长率在 10% 以上；成熟期的年增长率为 0.1% ~ 10%；当增长率小于 0，即出现负增长时，表明产品已经进入了衰退期。

2. 销售预测的定量分析

销售预测的定量分析方法，包括趋势预测分析法和因果预测分析法。

（1）趋势预测分析法

趋势预测分析法的主要应用形式是平均法，由于简便易行，因此在销售量预测中应用较为普遍。它具体包括算术平均法、移动平均数法、加权平均法等。

第一，算术平均法。通过对过去若干时期的销售量进行算术平均，从而为未来的销售量提供参考。该方法在运用过程中，赋予每一时期的数据以相同的权重，体现了一种不加区分的处理方式，适用于销售量相对稳定的商品或处于成熟期的产品销售预测。然而，由于不考虑数据的时间特性，算术平均法在数据波动较大的情境下可能不足以提供精确的预测。这种方法的优势在于计算简便，适合对没有明显季节性波动的商品进行预测，如某些食品和日常用品等。

第二，移动平均数法。通过对最近若干时期的销售量数据进行分段计算平均值，逐步推移预测期的计算窗口，以增强预测的实时性与动态性。这种方法假设最近的数据对未来的预测更具影响力，从而提高了预测的敏感性和适应性。移动平均数法在一定程度上克服了算术平均法的局限，更适用于销售量变化频繁且趋势明显的产品。

第三，加权平均法。通过赋予近期数据较大的权重，强化了近期数据对预测结果的影响。这种方法的核心在于利用加权系数调整各时期销售量对预测的贡献度，从而实现更为精确的预测。加权平均法灵活性较强，能够根据不同产品和市场的具体情况调整权重的分配，使预测结果更具针对性和准确性。在实际应用中，加权平均法因对不同权数形式的适应性而广泛应用，尤其适合于具有明显时间相干性的销售预测场景。

（2）因果预测分析法

因果预测分析法是在预测分析中经常采用的方法。这种方法假定未来的销售量受若干因素的影响，据此可以建立因果预测模型并进行预测。利用因果预测分析法预测销售量，可以按照以下步骤进行：

第一，确定影响销售量的主要因素。销售量反映企业的市场状况，企业的外部因素和内部因素的变化都可能对未来的销售量产生影响，外部因素如国内生产总值、国民收入、个人可支配收入等，内部因素如产品的质量、成本等。一般来说，影响因素自变量选择越多，预测结果就越有可能接近实际，但定量分析的过程会很复杂；反之，影响因素自变量选择越少，则预测模型越容易建立。在影响因素众多的前提下，不能对所有因素同等对待、全部考虑，应该区分主要因素和次要因素，对次要因素可以忽略，对主要因素应该保留。

第二，建立因果预测模型。通常销售量与主要因素之间存在着直接或间接的经济联系。直接联系指一种产品产量、销量的增减会直接引起另一产品产量、销量的相应增减，如汽车与汽车轮胎、家具与把手等。一般来说，这种数量关系较容易确定。间接联系指一种产品产量、销量的增减会引起另一种或多种产品产量、销量的一定变化，如陶瓷用品的减少是铝制品和塑料制品增加的结果，火柴用量的减少是打火机、煤气点火器等不断投入市场的结果，等等。一般这种数量关系较难确定。建立因果预测模型时，需要首先分清直接联系和间接联系，并寻找内在的联系规律。另外，确定的主要因素，其历史资料和未来变动资料必须确保可以获得。在此基础上，就可以建立销售量的因果预测模型。

（三）利润预测分析

利润一直是每个企业的关键财务指标，每个企业都十分关注未来的利润变化及其目标。因此，在经营指标预测分析中，在预测销售量的基础上对未来的利润状况进行测算。利润预测是在预测销售量的基础上，根据企业未来发展目标和其他相关资料，预计未来可望实现和应当达到的利润水平及其变动趋势的过程。利润预测包括对目标利润的预测和未来可能实现利润水平的预测，二者虽然测算的都是利润，但二者的性质不同，采用的预测方法也不同。

1.利润预测分析的步骤

测算利润需要在企业内部各单位之间反复平衡，并得到全体职工的认可。利润预测一般经过以下步骤：

（1）测算初始目标利润

利润预测的核心围绕着目标利润进行，目标利润是企业未来的奋斗方向，它的测算与提出体现了企业的经营目标及未来的经营状况。一个不断发展的企业所提供的目标利润常常会高于上期的实际。

（2）进行保本、保利分析

在实务工作中，目标利润的确定与业绩考核密切相关。初始目标利润的提出并不意味着就是最终纳入预算的目标利润，因为目标利润由投资者或上级提出，经营者或下级是否具有实现的可能，需要结合实际状况进行测算。测算中，为了有的放矢，常常需要明确因素的临界值，即进行产品的保本分析和保利分析。

（3）预测可能实现的利润水平

企业的经营者或下级在进行保本、保利分析的基础上，会结合未来产品售价、成本等因素可能达到的水平，以及既定的损益确定程序测算可能实现的利润值。该值可能高于也可能低于初始目标利润。

（4）进行影响因素综合变动的试算平衡

由于初始目标利润由投资者或上级提出，该值的提出与产品售价等因素常常无直接的关系，因此企业测算可能实现的利润水平常常与其不相等。如果可能实现的利润水平高于或等于目标利润，这意味着投资者或上级所确定的目标利润不需要进行修正，可以直接纳入预算，并以此作为投资者或下级的利润考核依据。如果可能实现的利润水平低于目标利润，这说明投资者或上级所定目标较高，企业实现目标具有一定的难度。在这种情况下，如果企业还有潜力可挖，就会为确保初始目标利润的实现而深挖潜力，分析实务中可能采取的多种措施，以及所采取综合措施对因素的影响，进而对利润的影响。实际上，各因素与初始目标利润之间需要反复测算平衡，直至初始目标利润具有实现的可能。

（5）修正目标利润并纳入预算

经过因素与初始目标利润之间的反复试算平衡，如果企业仍然无法实现初始目标利润，投资者或上级就不得不降低初始目标利润。在上下达成共识后，修正后的目标利润会被纳入预算，成为日后考核企业的标准，意味着企业未来的努力方向确定。

2. 利润预测的分析方法

预测目标利润可以采用的方法主要有总体比率预测法和比率预测法。

（1）总体比率预测法

总体比率预测法作为一种定量预测方法，通过对投资者或上级制定的总体利润规划进行深入分析，来推导未来目标利润的总体水平。该方法的核心在于建立一个合理的比率关系，将总体利润的预期增长与具体的目标利润相结合，以确保预测的科学性与可操作性。总体比率预测法的优势在于能够将高层决策与实际经营目标紧密联系，确保各层次的目标一致性，从而为企业未来的发展提供清晰的方向。通过这一方法，管理层能够在制定经营策略时，充分考虑对整体利润目标的影响，进而优化资源配置和战略执行。此外，该方法通过对比率的合理设定，能够有效反映市场变化对企业盈利能力的影响，使预测更加灵活和精准。总体比率预测法在企业管理实践中得到了广泛应用，特别是在确保战略目标与实际利润目标的一致性方面具有重要意义。

（2）比率预测法

比率预测法是根据预先选定的利润率指标水平预测未来目标利润的一种定量

预测方法。此方法是目标管理倡导的预测方法，这里的利润率指标应该体现目标利润的可行性，不能太高，也不能太低，经过努力应该可以达到。从计算口径上看，主要包括销售利润率、成本利润率、资金利润率等；从时间特征上看，主要包括近期平均利润率、历史最高水平的利润率、上级指令性利润率；从空间特征上看，主要包括国际、全国、同行业、本地区、本企业的利润率。如果将选定的利润率标准乘上预期应达到的相关指标，便可测算出初始目标利润。

二、管理会计的决策分析

（一）短期决策分析

短期决策，指一年以内或者一个经营年度或经营周期内，对企业经济效益产生影响，能够实现特定目标而进行的决策。它主要包括生产决策、定价决策等。短期决策一般不涉及新的固定资产投资，也不涉及大量资金的投入，主要是侧重于如何最有效、最充分地利用现有资源。为了能更加科学、合理地作出短期决策，一般按照以下流程进行：

1. 确定决策目标

确定决策目标是制定决策的首要问题，例如，生产何种产品、亏损产品是否停产，在作出决策之前必须明确目标，然后根据目标进行界定。目标是利润最大化还是成本最小化，在管理会计决策之前必须清晰界定，并作为选择最佳方案的标准和依据。

2. 收集相关信息

在确定决策目标之后，应广之收集与决策相关的信息并进行筛选，针对决策目标提出可行性方案，做到技术上适当、经济上合理。决策者必须尽可能地收集有关的信息资料，包括定性的和定量的财务信息以及非财务信息，包括对人们的心理活动、生活习惯等各种非计量因素的影响。这是决策程序的重要步骤。确定出符合本项目决策的相关信息。收集的相关信息一定要符合质量要求，满足定量和定性原则，财务信息与非财务信息相结合。

3. 拟订备选方案

拟订备选方案是通过对收集到的信息进行系统分析，以确保方案的现实性和可行性。拟订备选方案不仅需要涵盖多种可能性，还应在科学性和细致性上保持高度严谨。这一过程要求决策者在制订方案时，充分考虑不同方案在技术、经济、社会效益等方面的可行性，从而为后续的选择提供坚实的基础。备选方案的科学化和详尽性直接关系到决策的有效性，能够为各方案之间的比较与选择奠定基础，使决策过程更加有序、透明，并最终推动实现最佳决策结果。在拟订备选方案时，充分的前期研究和信息分析不仅能提高方案的质量，还能确保方案在不同情境下的灵活性与适应性，进而增强决策的精准度与成功率。

4. 选择最优方案

该流程需要对各个备选方案进行详细的定性与定量分析，全方位评价各个备选方案的可行性、可靠性。结合对消费者的心理、习惯等各种非计量因素的影响，对备选方案经过多次分析、比较，进行取舍，最后选取最优方案。这是科学决策的基础与保证，也是整个决策过程中最关键的环节。

5. 实施决策方案

选择出最优方案后，最后的流程是组织实施。在实施的过程中，可能会出现意想不到的新情况，则需要根据新情况调整或者修改原方案。加强实施过程中监控，可以保证决策的顺利开展，同时能够积累经验和数据，为今后的决策制定提供指导。

（二）长期决策分析

长期决策指在改变或扩大企业的生产或服务能力（厂房设备更新、资源开发利用、增加新产品生产等）期待以后若干年获得更多利益的若干投资方案中，进行分析、评价选择，最终确定最佳方案的过程。长期决策是企业最重要的决策，涉及的时间长、投资多、风险大，对企业未来的长期盈利能力有着决定性的影响，方案一旦确定实施就难以更改。因此，长期决策必须兼顾技术上的先进性和经济上的合理性，充分考虑各种可计量和不可计量因素，进行科学的测算和缜密的比较分析，从而挑选出最切实可行的方案。长期决策可按以下步骤进行：

1. 确定投资的目标

长期投资决策必须按照企业长期经营目标的要求，明确规定投资项目在未来特定时间的投资报酬水平。对于特定投资项目而言，其决策目标的确立实际上是企业未来总体奋斗目标的分解与落实。企业管理层必须通盘考虑某一投资决策项目面临的主客观环境，为确立一个经努力可以实现的最高投资报酬水平，为投资决策评价提供依据。

2. 提出投资的建议

提出投资建议直接关系到投资方向的正确性及预期投资效益的实现。投资建议不仅要充分考虑外部市场条件，还应紧密结合企业内部经营需求，从而确保投资决策能够与企业的整体战略相一致。这一阶段的关键在于通过科学分析和严谨论证，提出合理且符合企业实际需求的投资建议，以指导后续决策的正确进行。

3. 拟订投资的方案

在确定投资项目之后，拟订多个可行或备选投资方案是实现项目成功的关键步骤。这些方案必须确保能够实现既定的投资决策目标，且与企业所处的环境条件高度契合，保证其现实可行性。同时，备选方案之间应具有排他性，以确保决策的明确性和专一性。在拟订可行性方案的过程中，企业需要进行深入分析和探索，全面掌握各方案的基本结构、约束条件、预期结果。通过这种系统化的规划，企业能够有效应对市场环境中的不确定性，从而选择最优方案，实现资本的最优配置，并最大限度地提高投资回报率。在此过程中，科学合理的方案设计不仅能够减少投资风险，还能增强企业在复杂市场中的竞争力，确保长期战略目标的实现。

4. 评价投资的效益

可行性投资方案拟订之后，即可按照特定的评选标准，采用特定的评选方法，经过一系列的计量、分析、筛选和评价之后，从中选定在现实条件下令决策者满意的投资方案，也就是通常所说的最佳方案。可以说，投资效益的评价过程也就是若干备选投资方案之间明确差异、权衡利弊和比较优劣的过程。评价的直接目的是选定技术先进、经济合理的投资方案，然后交由企业管理层（决策者）进行最终决断，据以选定最佳的长期投资行动方案。

5. 实施行动方案

一旦投资决策行动方案确定，企业就需要根据相应的专项资本预算所制订的现金流量计划，具体组织和实施该方案。此过程包括对预算指标的分项分解与层层落实，以确保方案的执行在企业内部各相关责任部门或责任人之间得到有效协调。通过这种系统化的组织与分工，企业能够确保投资方案的顺利推进，并实现对特定投资项目的精准执行。各部门的密切协作与责任分配，不仅有助于提高资源的利用效率，还能最大限度地减少执行过程中可能出现的偏差和风险，从而增强方案的实际效果。此外，在实施过程中，持续的监控和反馈机制同样至关重要。这有助于及时发现并纠正潜在问题，确保投资目标得以实现。

第三节　管理会计的控制评价

一、标准成本评价

标准成本是在充分调查、分析、技术测定的基础上，根据企业现已经达到的技术水平所确定的企业在有效经营条件下生产某种产品所应当发生的成本。标准成本管理是针对企业传统成本管理的缺点且与企业的战略和成本相结合的一种创新管理办法。由于标准成本是应该发生的成本，是企业进行成本控制和业绩考核的主要依据之一，因此，标准成本可作为控制成本、评价实际成本、衡量成本控制绩效的依据。

制订标准成本的基本形式是以用量标准乘以价格标准求得，即分别根据直接材料、直接人工的用量标准、材料价格标准、人工工资率标准、制造费用分配率标准进行具体计算。其中，用量标准主要由工程技术部门研究确定，价格标准主要由会计部门会同有关责任部门研究确定。标准的制定应尽可能吸收负责执行标准的职工参与，使制订的标准既不偏高也不偏低，尽可能符合实际，对实际具有指导和促进作用。

（一）直接材料标准成本

直接材料标准成本包括材料用量标准和价格标准。用量标准是在现有生产技术条件下生产单位产品需用的材料数量，包括构成产品实体的材料、生产中必要的损耗等。制订用量标准时应按产品所需耗用的各种直接材料分别计算。价格标准是采购部门按供应单位的价格及其他因素预先确定的各种材料的单价，包括货价和运杂费等。根据用量标准和价格标准可以确定直接材料的标准成本。

（二）直接人工标准成本

在"直接人工标准成本"的管理中，工时标准和工资率标准是两个关键要素。

1. 工时标准

工时标准是在既定的生产技术条件下，为生产单位产品或零部件所需的工作时间。这一标准不仅包括直接用于产品加工的工时，还涵盖了必要的间歇、停工时间，以及因不可避免的废品所消耗的时间。因此，工时标准不仅体现了生产效率，还反映了生产过程中的各类不可控因素。工时标准的制订需要通过严密的技术测定进行，先依据零件和工序、车间等不同生产环节分别计算，再将这些数据汇总至整个产品的工时标准。这一过程要求高度精确的技术支持和严格的测算流程，以确保标准的科学性和合理性，进而为企业的成本控制和生产计划提供可靠依据。

2. 工资率标准

价格标准通常表现为工资率标准。在计件工资制下，这一标准为单位产品应支付的计件单价。在计时工资制中，工资率标准指每一标准工时所分配的工资金额。通过合理的工资率标准，企业能够确保工人的劳动报酬与其工作效率相匹配，从而在激励工人的同时控制生产成本。

在制订直接人工标准成本时，科学合理的工时标准和工资率标准不仅能够优化企业的成本结构，还能提升生产过程的透明度和管理效率。通过标准化管理，企业能够更好地协调生产资源，控制生产成本，同时确保员工的利益得到合理保障。这种标准成本管理方式在现代企业管理中，特别是在制造业中具有重要的应用价值，为企业的长远发展提供了坚实的基础。

（三）制造费用标准成本

由于制造费用按其形态可划分为变动制造费用和固定制造费用两部分，因此，制造费用的标准成本也应分别制定。

1. 变动制造费用标准成本

在变动制造费用标准成本中，用量标准就是生产单位产品所需直接人工标准小时或机器工作标准小时，价格标准是变动制造费用分配率标准。

2. 固定制造费用标准成本

固定制造费用标准成本的制订应视采用的成本计算方法而定。如果企业采用的是变动成本核算制度，那么产品成本不包括固定制造费用。固定制造费用的成本控制应属于期间成本控制范围。如果企业采用的是完全成本核算制度，那么固定制造费用就要计入产品的成本，因此需要制订单位产品的固定制造费用标准成本。固定制造费用的价格标准是每一工时的标准分配率，是根据固定制造费用预算总额和直接人工总工时计算出来的。固定制造费用的用量标准可以采用人工工时，也可以采用机器工时。

二、内部业绩评价

业绩评价具有跨学科的研究背景，是多学科研究中的重要主题。以业绩评价系统构建研究为主要内容的理论和实务探索，是当前会计学中研究业绩评价问题的主流方向。内部业绩评价是内部业绩评价体系的简称，指为落实企业内部经济责任，将企业划分为各种不同形式的责任中心，以其为主体，将权、责、利有机结合，以责任预算、责任控制、责任评价、奖惩为内容，通过信息的积累、加工和反馈，对各责任中心的经济业务进行规划与控制，以实现业绩考核和评价为目的的一种内部管理控制制度。

内部业绩评价的要点就在于，利用会计信息对各责任中心的业绩进行计量、控制与考核。其实施步骤如下：

（一）制定相关制度，统一评价规范

内部业绩评价要有效实施，需要建立相关的制度，包括责任中心的评价指标及权重、业绩核算方法、内部转移价格的定价形式、预算的编制方法、奖惩标准等。虽然内部业绩评价实施中有些内容可能会随着时间的变动而变动，如预算目标等，但有些是不变的或在较长时间内保持不变，如奖惩的划分档次、考核指标的类别、费用的分摊方法等。制定内部业绩评价制度是为了确保评价的客观、公正及前后期的一致。它类似于游戏规则，游戏中可以有不同的结果，但规则是不变的。内部业绩评价制度的制定应由专门的部门负责，可以聘请专家帮助制定。

（二）设置责任中心，明确权责范围

内部业绩评价体现了责、权、利的下放过程，因此实施中首先应该明确责任主体，合理设置责任中心。即将企业所属的各部门、各单位划分为若干分工明确的责任中心，并依据各责任中心经营活动的特点，明确规定这些中心负责人的责、权范围及量化的价值指标，并授予他们相应的经营管理决策权，不仅使其能在权限范围内独立自主地履行职责，而且要对其责任的完成情况负责。责任中心建立时常常与企业的组织机构有机结合，各责任中心有着清晰的责任，也有明确的权利及利益，但相互之间又具有关联性。

（三）编制责任预算，明确考核目标

企业的全面预算是按照生产经营过程来落实企业的总体目标和任务。责任预算则是将全面预算所确定的各项指标按照各个责任中心层层分解，区分各责任中心的可控和不可控费用，为每个责任中心编制责任预算，使企业生产经营总体目标按责任中心进行分解、落实、具体化，作为其开展日常经营活动的准绳，以及评价其工作成果的基本标准和主要依据。责任预算由各个责任指标构成，包括主要责任指标和其他责任指标两部分，可以作为企业全面预算的补充和具体化。

（四）分析考核情况，进行奖惩激励

在管理体系中，为了有效激发各责任中心及员工的积极性，并促进企业目标的实现，进行定期的考核分析并实施奖惩激励措施是至关重要的。考核周期通常设定为一年，考核的基础是预先确定的指标和标准，这些指标和标准在责任报告的支持下被应用于评估实际业绩。

考核过程应严格依据既定的标准进行，以确保评价的公正性和客观性。通过对责任报告中的数据进行系统分析，管理层能够识别出各责任中心及员工在实际工作中的表现。这种分析不仅揭示了实际业绩与目标之间的差距，还能够明确反映出表现优异和落后者的具体情况。

奖惩激励措施的实施必须注重平衡，以奖为主、以罚为辅的原则是为了确保激励的积极效果。奖励应当用于肯定和鼓励那些在考核期间表现突出的责任中心和员工。这种奖励不仅能够提升其工作热情，还能进一步推动其在未来工作中的优异表现。同时，惩罚措施的引入是为了纠正落后的行为，并激励那些尚未达标的责任中心和员工进行改进。

奖惩措施的实施应当建立在公平、公正的基础上，确保每一个决策都能够反映出真实的业绩表现。这种系统化的考核和激励机制，不仅有助于提升员工的工作积极性和责任感，还能够优化企业资源的配置，从而促进企业整体目标的达成。

第四节　数字化会计转型与智能会计系统

一、数字化会计转型

数字经济时代，内外环境发生了变化，推动了企业会计职能的变化。企业需要充分认识到会计数字化转型的重要性，加快转型实践，才能更好地把握时代发展趋势。

数字化会计不仅要实现会计信息的数字化，对会计信息进行自动化、智能化处理，而且要广泛收集会计信息，提高会计信息中数字化的含量。目前，对于会计行业来说，数字化已经成为大势所趋，会计数字化的起点与核心都是数据。随着票据电子化技术、条码技术、物联网技术的快速发展，会计将进入全面数字化时代。数字化会计转型包括以下实施步骤：

（一）评估现状与需求

在评估现状阶段，组织需要对当前会计系统的运行状况进行全面而深入的分析。这种评估旨在揭示现有系统中的问题和不足之处，从而明确数字化转型的实际需求。具体而言，这一过程包括对现有会计流程的审视、系统功能的评估人员能力的分析。通过系统化的评估，组织能够识别出在技术、业务流程、组织结构方面的主要短板，并进一步明确转型过程中需要解决的关键问题。

此外，现状与需求的评估不仅限于技术层面的考察，还应包括对业务需求和组织目标的深入理解。这一阶段的核心在于将技术要求与业务实际相结合，确保数字化转型的方向与组织的长期发展目标一致。评估过程中，需要考虑到不同业务部门的具体需求，以及这些需求如何影响整体业务流程的优化和提升。

通过这样的全面分析，组织能够为后续的转型策略制订提供科学依据。这不仅有助于制订出切实可行的转型方案，还能确保在实施过程中针对实际存在的问题采取有效措施，从而实现数字化会计系统的平稳过渡和高效运作。

（二）制订转型策略

制订转型策略是数字化会计转型过程中至关重要的环节，核心在于基于现状与需求评估的结果，明确转型的总体目标、实施路径、关键步骤。

1. 战略规划

战略规划应综合考虑企业的资源配置、时间安排、预算控制，以确保各项转型措施与企业的长期发展目标相一致。在资源配置方面，需要确定必要的技术、人力、财务资源，以支持数字化转型的各个阶段；时间安排涉及制订详细的实施时间表，确保转型过程按计划推进；预算控制要求合理分配资金，避免资源浪费。

2. 企业内部的变革管理

制订转型策略还需要关注企业内部的变革管理。成功的数字化转型不仅依赖于技术的实施，还需通过有效的变革管理来推动组织文化和员工行为的调整。因此，策略应包括制订相应的培训和沟通计划，以提升员工对新系统的接受度和适应能力。培训计划需要涵盖系统操作、变革管理、新业务流程等内容。沟通计划应确保信息的透明传递，减少变革过程中可能产生的阻力。

（三）技术选型与系统集成

1. 技术选型

选定适合的技术平台和工具，是确保转型成功的关键因素。技术选型不仅要求对软件和硬件的功能进行细致评估，还需要对技术供应商的能力和服务质量进行全面考察，以保证所选技术能够满足企业的特定需求，并在实施后能够有效支持业务操作。

在技术选型过程中，必须考虑到软件的兼容性、扩展性及其与现有系统的集成能力。这要求在选择过程中，对各种技术平台的性能、稳定性及对业务流程的支持程度进行深入分析。同时，对技术供应商的评估也至关重要，应重点关注其技术支持服务、售后维护能力，以及对企业实际应用场景的理解与适应能力。

2. 系统集成

系统集成阶段主要关注新旧系统的数据兼容性和操作一致性。这一过程要求在集成信息系统时，确保其能够顺利与现有系统进行数据对接，实现数据的无缝迁移与共享，以避免因数据不一致而导致业务中断或信息失真。系统集成还涉及操作流程的整合，确保新系统能够与现有业务流程协调运行，从而保证业务的连续性和稳定性。在此过程中，技术团队需要密切监控系统集成的各个环节，及时解决可能出现的技术问题，以确保数字化转型的顺利进行。

（四）数据治理与安全保障

建立健全的数据治理体系和安全防护机制，能够有效降低在数字化转型过程中面临的各种风险，包括数据丢失、数据泄露、业务中断等问题。通过系统化的数据治理和严格的安全措施，企业能够确保数字化会计系统的高效、安全运行，从而为数字化转型的成功实施提供坚实保障。

1. 数据治理

数据治理的核心在于对数据的准确性、完整性、一致性进行系统化管理，以确保数据质量符合企业预期的标准。有效的数据治理要求建立一套科学的数据管理流程，包括数据采集、存储、处理和使用的各个环节，以维护数据的标准化和规范化。

2. 安全保障

数据安全保障措施是保护数字化会计系统免受数据泄露和非法访问的关键。这些措施应包括制订和实施全面的数据保护策略，运用先进的技术手段（加密技术、访问控制、审计追踪等）来强化数据的安全防护。数据安全保障不仅需要应对外部威胁，还要考虑内部风险，通过内部控制机制、防火墙、定期的安全审计等手段，保障数据在传输和存储过程中的安全性。

二、智能会计系统

智能会计系统的构建和发展是现代企业实现财务管理数字化转型的重要组成部分，其涵盖了业财融合的财务共享系统、商业智能的管理会计系统、业财一体化的智能会计系统。这些系统通过整合先进的技术手段和管理理念，旨在提高财务管理的效率和准确性，并支持企业战略目标的实现。

（一）业财融合的财务共享系统

业财融合的财务共享系统代表了智能会计系统中的一个关键发展方向，核心在于将财务管理与业务运营深度整合。该系统通过将财务职能与业务流程紧密相连，优化资源配置，提升管理效率。业财融合的财务共享系统的构建要求企业在技术、流程、管理上实现全面协同，以支持财务数据的实时共享和业务决策的及时响应。

1. 技术层面

该系统依赖于先进的数字化工具和平台，如企业资源计划（enterprise resource planning，ERP）系统和数据集成技术，来实现财务数据与业务数据的无缝对接。通过集成数据源，系统能够提供全面的财务信息视图，促进财务报告的自动生成，并支持动态业务分析。

2. 流程方面

财务共享系统要求重新设计和优化传统的财务流程，将重复性工作自动化，减少人工干预。业务和财务流程的紧密结合使得财务部门能够实时获得业务运营数据，增强了对业务趋势的预见能力和应对能力。此外，通过标准化和流程优化，财务共享系统能够减少处理时间和操作错误，提高了整体财务管理的效率。

3. 管理层面

业财融合的财务共享系统推动了财务管理职能与业务部门的协作，强化了对业务活动的监控和分析能力。这种整合模式有助于财务部门更好地支持业务决策，提升决策的准确性和科学性。同时，该系统通过增强数据透明度和流程可视化，推动了企业内部的协作和沟通，形成了数据驱动的决策文化。

通过业财融合的财务共享系统，企业能够实现财务与业务的深度结合，不仅提升了财务管理的效率和准确性，还支持了企业战略目标的实现。这种系统为企业提供了一个全面、高效的财务管理平台，推动了数字化转型的进程。

（二）商业智能的管理会计系统

商业智能的管理会计系统的核心在于通过综合运用数据分析和可视化技术，支持企业的财务决策和战略规划。该系统的构建基于大数据分析、数据挖掘、先进的预测模型，旨在提升财务信息的洞察力和决策支持能力。

1. 大数据分析

商业智能的管理会计系统通过集成来自不同来源的数据，形成统一的数据仓库。这一数据集成过程不仅包括内部财务数据，还涵盖外部市场信息和运营数据。系统通过运用数据挖掘技术，从海量数据中提取有价值的信息，识别出影响企业财务表现的关键因素。这种信息的整合和分析为管理层提供了全面、准确的财务视角，支持其进行数据驱动的决策。

2. 数据挖掘

商业智能系统通过高度可视化的报表和仪表盘展示分析结果，增强了财务数据的可读性和理解性。这些可视化工具帮助管理者迅速识别财务趋势、问题、机会，提高了对财务状况的洞察力。此外，系统支持自定义的分析和报告生成，使得企业能够根据特定需求进行深度分析，进一步推动业务优化和战略调整。

3. 预测模型

在预测和规划方面，商业智能系统应用预测模型和模拟技术，对未来财务表现进行预测和情景分析。这些模型通过对历史数据和市场趋势的分析，提供了对未来财务状况的科学预判，支持企业进行战略规划和风险管理。预测能力的增强使得企业能够更好地应对不确定性，制订更加精准的财务策略。

商业智能的管理会计系统通过提升财务数据的分析和呈现能力，帮助企业实现对财务信息的深度挖掘和有效利用。该系统不仅提升了财务管理的准确性和效率，还促进了企业战略决策的科学化和数据驱动，提高了企业在复杂经济环境中的竞争力。

（三）业财一体化的智能会计系统

业财一体化的智能会计系统体现了将业务管理与财务管理深度融合的理念，旨在通过系统集成和数据驱动，提升企业整体管理的效率和协调性。这一系统的核心在于实现业务数据与财务数据的无缝衔接，从而增强财务决策的实时性和准确性。

1. 数据整合

业财一体化的智能会计系统通过将业务流程和财务流程进行整合，消除了传统分离式管理带来的信息孤岛问题。该系统通过集成业务管理模块和财务管理模块，实现了跨部门、跨系统的数据共享与协同。业务数据的实时更新能够迅速反映在财务数据中，确保财务报告和决策依据与业务实际情况保持一致。

2. 数据分析

智能会计系统应用高级数据分析和自动化技术，对业务数据和财务数据进行综合分析。系统利用数据集成技术，将来自销售、采购、生产等业务环节的数据与财务数据相结合，形成全面的业务视图。这种数据整合使得财务人员可以从整体业务运营的角度进行财务分析，识别潜在的业务问题和财务风险，进而提供更具前瞻性的财务建议。

3. 实时监控和预警机制

在风险管理和决策支持方面，业财一体化的智能会计系统通过实施实时监控和预警机制，帮助企业及时识别和应对潜在的财务风险。系统可以设定各种风险指标，通过对异常数据的实时监控，自动生成预警报告，提示管理层可能存在的风险点。此机制的引入提高了企业对财务风险的应对能力，确保了财务决策的科学性和有效性。

4. 自动化功能

该系统通过自动化的工作流和数据处理功能，提升了财务工作的效率和准确性。自动化功能不仅减少了人工操作的烦琐和错误，还加快了数据处理的速度，使得财务报告能够更及时地生成。系统的智能化特征使得财务人员能够集中精力于更高层次的财务分析和决策，将重复性的事务性工作交由系统处理。

业财一体化的智能会计系统通过深度整合业务与财务管理，提升了企业管理的协调性和决策的准确性。这种系统不仅优化了财务数据的使用效率，还增强了企业对业务运营的整体把控能力，为企业实现战略目标提供了有力的支持。

第十章　内部控制与数字化变革分析

在数字化转型的大潮中，内部控制作为企业稳健发展的基石，正经历着深刻的变革。本章将剖析内部控制与数字化变革的内在联系，探讨如何通过科技手段强化目标设定、流程优化与环境适应。深入分析风险管理的数字化转型路径，以及如何构建全面预算管理，以实现对企业资源的精准控制和风险的前瞻性管理，确保企业在快速变化的市场中保持竞争力和可持续发展。

第一节　内部控制的目标、流程与环境

一、内部控制的目标

目标是主体在既定期间内期望达到的境地。内部控制的目标就是企业希望通过内部控制的设计与运行达到某些方面的改进与完善，主要表现为业绩的提高、企业战略的实现、经营能够富有成效、提供的财务信息可靠等。确立控制目标并逐层分解目标是控制的开始，内部控制的所有方法、程序、措施无一不是围绕着目标展开的。如果没有了目标，内部控制就会失去方向。内部控制的具体目标是内部控制总体目标的细化。内部控制的具体目标可以分为以下五项，这也是单位实施内部会计控制所要完成的具体任务。

（一）资产安全

资产作为企业拥有或控制的可用货币计量的经济资源，构成了企业开展正常生产和经营活动的基础物质条件。为了实现企业的价值最大化目标，资产的保值增值至关重要。在这一过程中，企业必须将资产的安全性和完整性作为核心关注点。资产管理的有效性依赖于严格的内部控制机制，这些机制涵盖资产的获取、使用、保管、报废等各个环节。

内部控制制度通过制定详尽的管理规程，明确资产管理过程中的潜在风险及

其控制点，确保资产的安全性。通过设立明确的奖惩指标和标准，内部控制不仅规范了资产的运用，还提高了资产的有效利用效率。这些措施能够有效预防资产的损失和侵害，降低浪费和损失，从而提升资产管理的整体效能。资产安全的管理不仅需要对每一环节进行严谨控制，还需要在管理过程中持续评估和优化，以适应不断变化的内外部环境。

在系统化管理下，企业可以实现资产的最优配置和利用，有效保障资产的安全性和完整性。这种综合性的管理策略将促进企业资源的持续增值，从而支撑企业的长期发展和竞争力提升。

（二）经营管理合法合规

经营管理合法合规的目标也称为合规性目标或遵循性目标，指内部控制体系的设计要确保企业经营管理活动的合法合规性。遵纪守法不仅是每个公民的责任和义务，而且是每个单位和组织应尽的责任和义务。企业的目标是尽可能地创造价值，使企业价值最大化，这一目标的实现又依赖于企业的经济活动实践。现实经济活动实践中，企业的经济活动不仅关系到企业自身的经济利益，而且一定与另一个或多个主体的经济利益有关。企业自身的利益要通过交易另一方的经济利益实现，否则正常的经济交易秩序就将萎缩甚至消失。

为此，国家有关部门和企业都会制定相应的法规、制度与条例等对有关经济行为加以管理和规范，以便防止经济交易各方的不正当行为，进而维护正常的经济秩序。如果企业在追逐自身利益的同时无视其他方利益，盲目追求利润甚至无视国家法律法规，必将为其行为付出沉重的代价。

因此，确保经营管理合法合规是一个企业生存和发展的基本条件，也是企业内部控制的基础性目标。如果无视此目标，企业要想实现其他内部控制目标也将是缘木求鱼。经营管理合法合规目标指的是企业内部控制要合理保证企业在国家法律法规允许的范围内开展自身的经营活动，严禁违法经营。企业为了更好地落实国家相关的法律法规就必须组织和实施内部控制，将应该遵循的法律法规的相关要求嵌入企业经营管理的各个方面，将违法违规的风险降低至最低限度，以最终合理保证企业经营管理活动的合法性和合规性。

（三）财务报告及相关信息真实完整

财务报告及相关信息的真实完整性直接影响到所有利益相关者的决策质量，

体现了企业经营管理活动的核心。准确和及时的财务报告是企业透明度和可信度的重要基础，能够为投资者、监管机构及其他利益相关方提供可靠的决策依据。财务报告及相关信息的可靠性受到诸多因素的影响，包括可能存在的经济或个人利益动机，甚至违法违规行为的掩盖动机。这些因素可能导致财务信息的虚假性、不及时性或不可靠性，进而影响到企业的整体信誉和市场表现。

内部控制体系在保障财务报告及相关信息的真实完整性方面扮演了关键角色，目标在于通过系统化的内部控制程序，确保财务信息的真实和可靠。具体而言，企业需要对其业务流程进行详尽设计，包括对生产经营活动中每一个环节的业务手续和凭证流转的控制，保证业务记录的真实性和准确性。同时，会计处理程序的规范化也是实现财务报告真实性的重要环节。这涉及对会计确认、计量、记录和报告等过程的严格管理，确保财务数据的准确记录和报告，从而有效预防和控制信息披露过程中可能出现的风险。

内部控制不仅仅是技术手段的应用，更是管理层对财务报告质量的承诺。通过建立健全的内部控制体系，企业能够在预防财务舞弊、减少信息不对称、提升财务报告的准确性方面取得积极成果。这种控制体系的有效实施能够显著提升企业的透明度，使所有相关方能够获得更为可靠的信息，从而优化其决策过程，并对企业未来的发展产生正向影响。

（四）提高经营的效率和效果

企业应结合自身特定的经营环境、行业环境、经济环境，通过健全的内部控制机制不断提升运营活动的盈利能力和管理效率。企业的核心职能在于进行生产经营活动，这些活动的根本目标是实现最大化的经营收益，并为社会创造价值。经营效率和效果的提升直接关系到企业的生存与发展。若经营活动效率低下，且产生的现金流为负，则企业难以维持正常运作，更遑论进一步发展。因此，内部控制的一个关键目标是确保企业生产经营活动的健康与有效运行，从而提升经营效率和效果，推动企业实现经营目标。

内部控制体系的建立和完善是实现这一目标的核心途径。通过优化法人治理结构，完善科学决策机制及组织架构，企业能够明确权、责、利的分配标准，从而提升整体管理水平。良好的内部控制机制确保各项业务活动的合理性和合法性，同时符合企业整体业务目标和效益大于成本的原则。企业内部控制的实施使得各类业务风险能够控制在可预见的范围内，并保证业务活动具有可持续发展的效益和前瞻性。

在这一过程中，明确、顺畅、高效的业务运行程序是内部控制成功的关键。通过科学的流程设计和高效的执行，企业能够确保经营管理活动的健康运转，避免潜在的经营风险和效率低下问题。内部控制不仅有助于提升企业运营效率，还能够增强企业对未来挑战的应对能力，确保企业能够在复杂的市场环境中稳定发展，持续创造价值。

（五）促进企业实现发展战略

发展战略是企业在对现状与未来趋势进行综合分析和科学预测的基础上制定的长期目标与战略规划。内部控制作为企业经营管理中的关键组成部分，其根本目标是促进企业发展战略的有效实现。为确保企业能够在市场经济中长期生存和持续发展，制定并实施适应外部环境变化和企业实际情况的发展战略至关重要。

若缺乏明确的发展战略或战略实施不力，可能导致企业盲目扩张，无法形成竞争优势，进而丧失发展机会和动力。反之，若发展战略过于激进，超出企业的实际能力或偏离主营业务，则可能引发过度扩张、经营失控甚至失败。此外，频繁变动的发展战略可能导致资源严重浪费，最终危及企业的存续和长期发展。因此，内部控制在促进发展战略实现方面发挥了至关重要的作用。

通过改善内控环境、优化内控要素、强化内控手段、规范内控制度和流程，企业能够建立健全的内控文化，并推动内控活动的有效实施与评价。这些措施有助于"查错防弊"，提高经营效率与效果，控制经营风险，从而保证日常经营活动能够按照既定的发展战略进行。内部控制机制通过确保各项业务流程和操作规范符合战略目标，进一步推动企业战略的顺利实施，保障企业在复杂多变的市场环境中能够稳定发展并实现预期战略目标。

二、内部控制的流程

内部控制的流程是用以指导内部控制设计者有序、有效地完成内部控制设计的每一个环节和步骤。规范化的内部控制设计流程应当包括内部控制设计的规划阶段、内部控制设计的实施阶段和内部控制的试运行阶段及完善阶段，并按照以下程序进行：

（一）内部控制的规划阶段

1. 界定内部控制的需求

在现代企业管理实践中，内部控制机制的构建与优化是确保企业稳健运营的关键环节。企业内部控制的设计需求通常聚焦于以下三个核心方面：

（1）构建或优化内部控制体系

企业需要构建或优化其内部控制体系，以形成一个全面、系统的管理框架。这一过程涉及对企业现有控制流程的评估，以及对缺失或不足之处的补充和强化，旨在满足监管机构对于内部控制体系建立、评估和信息披露的要求。

（2）风险管理

风险管理是内部控制设计中不可或缺的组成部分。鉴于外部环境的不断变化及内部运营的复杂性，企业不可避免地面临各类风险。有效的内部控制设计能够识别、评估并应对这些风险，从而为企业的持续发展和目标实现提供保障。

（3）优化流程

内部控制的设计与实施着眼于商业流程的优化和企业绩效的提升。通过对特定业务流程的深入分析，企业能够发现并解决流程中的瓶颈问题，实现流程效率的提高。同时，内部控制的强化有助于提升企业的整体绩效，包括但不限于成本控制、资产保护、信息准确性等方面。

内部控制的设计需求是多维度的，旨在通过系统化的管理措施，促进企业的长期稳定发展。

2. 评估内部控制的成本

在探讨内部控制成本评估的过程中，需明确内部控制设计的核心原则，即成本效益原则。该原则强调在设计内部控制系统时，应充分考虑其成本与效益的平衡。为此，设计者需对企业现有的内部控制体系进行全面的描述与分析，以鉴别和评估当前控制措施的有效性与完整性。

设计者应开展对企业内部控制现状的详尽调查，这包括对现行控制流程、政策、程序及其执行情况的深入分析。通过这一步骤，可以揭示控制体系中存在的潜在缺陷与不足，为后续的改进措施提供依据。

评价内部控制涉及对控制措施的充分性、有效性及其对风险管理的贡献进行系统性评价。评价过程中，设计者需要考虑控制措施是否能够适应企业运营的复杂性，以及是否能够满足监管要求和企业战略目标。

评估内部控制成本是确保成本效益原则得以实现的重要步骤。成本不仅包括直接的财务成本，如实施新控制措施所需的资金投入，还应涵盖间接成本，例如员工培训、流程调整以及潜在的业务中断等。设计者在评估成本时，应综合考虑长期效益与短期投入，以确保内部控制系统的设计与实施能够在成本控制的同时，实现风险管理与企业价值的最大化。

3. 制订内部控制的实施计划

内部控制的有效实施依赖于系统性和严谨性的计划制订。在明确内部控制设计需求与目标的基础上，实施计划的制订不仅是实现内部控制目标的重要步骤，更是确保设计方案与实际操作相结合的必要环节。该计划涵盖了人员配置、时间安排及具体设计活动等方面，旨在通过合理的资源分配与时间管理，实现内部控制的各项预定目标。在人员配置方面，应根据设计需求及任务复杂性进行适当分工，确保每一环节都由专业人士负责，以提高内部控制的执行效率。时间安排应结合各项活动的紧迫性与重要性进行科学规划，确保内部控制设计能够在规定时间内完成并取得预期效果。具体设计活动的安排需要考虑内部控制环境的复杂性与评估成本等因素，确保每一项活动的实施都能够有效降低风险并提高内部控制的可靠性。通过全面而系统的计划制订，内部控制的实施得以在组织内形成一个有机整体，从而为企业的长远发展提供坚实保障。

（二）内部控制的实施阶段

在企业内部控制的实施阶段，分层次的控制目标设立是确保内部控制系统有效运行的基础。设计者需要深入理解企业的整体战略与各层次的业务需求，从而将企业的总体控制目标逐步细化。

1. 分解内部控制的目标

一个明确且具体的内部控制目标不仅有助于提升控制设计的有效性，还能确保内部控制的各项活动和程序在执行过程中具有清晰的指引。内部控制设计者需要从企业的整体战略出发，将笼统的控制目标分解为各层次可操作的具体目标。这一分解过程不仅应考虑企业的业务特点，还需要充分反映各层次管理和运营的实际需求。在这一过程中，设计者应将企业的整体目标与股东的利益目标加以结合，进而明确董事会的具体目标，并在公司层面上进行进一步的细化，确保这些目标在实际经营活动中得到具体落实。通过这种系统化的目标分解，企业能够在各层次建立起切实可行的内部控制机制，从而在实际运作中实现对经营活动的有效控制，确保企业目标与股东目标的一致性，最终促进企业的持续发展。

目标的控制活动和程序的分解过程可以简单描述为：企业目标和股东目标→董事会目标→公司层面内部控制目标→经营活动控制目标。

2. 设计层面的内部控制

公司治理机制的设计应以明确企业的管理架构和决策流程为核心，确保各级管理层的决策能够协调一致并符合企业的战略目标。组织机构与权责分派的设计则要求在公司内部建立清晰的职能分工和责任界定，确保各部门和岗位在履行职责时能够高效配合。此外，预算与业绩考评机制是内部控制的重要组成部分，通过科学合理的预算编制和严谨的业绩评估，企业能够有效监控资源的分配与使用，确保财务管理的透明性与有效性。在对下属部门及附属公司的管理控制中，设计者应考虑到集团内各单位之间的关联与依赖，通过有效的管控措施，维护整体运营的协调性和一致性。同时，内部审计功能在这一框架中不可或缺，其设计应确保审计过程的独立性与权威性，以提供客观、准确的监督和反馈。信息系统管理控制制度的设计旨在保障信息系统的安全性与可靠性，通过对信息流和数据处理的严格控制，实现企业的整体运营目标。这些设计层面的内部控制要素共同作用，形成了一个严密而有效的内部控制系统，促进企业的可持续发展和管理的规范化。

3. 业务活动环节的内部控制

业务活动环节的内部控制设计是企业内部控制系统中不可或缺的组成部分，目的在于确保各业务环节的有效运行，并实现预定的控制目标。首先，在设计业务层面的控制时，目标的设定应紧密结合企业的战略方向和具体业务需求，确保控制活动能够有的放矢。其次，识别可能阻碍目标实现的潜在风险是控制设计的关键步骤。通过全面分析业务流程中可能存在的风险，设计者可以针对这些风险采取相应的控制活动，确保业务活动在可控的范围内进行。这一过程从控制目标的确定、风险的识别，到控制活动的设计，再到将目标、风险、控制活动进行整合，通过信息交流与沟通使各要素相互支持，形成一个完整的控制体系。

在内部控制设计阶段初步完成后，试运行成为评估控制系统合理性和有效性的重要步骤。通过试运行，可以识别并修正设计中的不足之处，确保控制活动在实际应用中能够发挥预期作用。经过这一阶段的完善，内部控制系统才能进入实际的运行阶段，从而为企业业务活动的稳健开展提供坚实保障。

三、内部控制的环境

（一）内部控制环境的构成要素

内部控制环境是一种氛围，包含组织的基调，塑造企业内部各成员实施控制的自觉性，决定其他控制要素作用的发挥，并受到企业的历史和文化的影响。内部控制的环境反映了董事会、经理层及其他人员对内部控制及风险管理的态度、认识、行动，涵盖了包括经理层在内的企业员工所形成的内部控制理念，建立全员的风险控制责任。内部控制环境主要包括治理结构、机构设置及权责分配、内部审计、人力资源政策、企业文化。

1. 治理结构

公司治理结构又称为法人治理结构，体现了内部治理的基本框架，核心在于实现对公司治理的有效管理。该结构依据权力机构、决策机构、执行机构、监督机构的相互独立、权责明确、相互制衡的原则进行构建。公司治理结构由股东大会、董事会、监事会、管理层组成，各自承担着特定的职责和功能，从而决定公司内部的决策流程和利益相关者的参与机制。

股东大会作为公司的最高权力机构，负责制定公司的总体战略和重大决策；董事会负责具体的决策实施和公司运营的监督；监事会主要担任公司内部监督和审计职能，确保公司遵循法律法规和内部规章制度；管理层负责公司的日常经营和管理活动。这种结构旨在协调公司内部不同产权主体之间的经济利益矛盾，减少代理成本，提高公司治理的效率。通过明确各机构的权责分工和相互制衡机制，公司治理结构能够有效提升公司管理的规范性和透明度，促进公司健康持续地发展。

2. 机构设置及权责分配

合理的机构设置应当反映企业的战略目标和业务需求，并确保各部门和岗位之间的职责划分清晰明确。权责分配的明确性直接影响到企业的决策效率和风险管理能力。通过科学的机构设置，企业可以优化资源配置，减少内部摩擦，提升组织的灵活性和反应速度。

在权责分配过程中，各级管理层与职能部门应当具备明确的职责范围和权限，并建立有效的沟通与协调机制，确保信息在组织内部的有效传递。合理的权责分配不仅能够防止职责重叠和权责不清所带来的管理混乱，还能增强各部门的责任意识和执行力。同时，机构设置及权责分配应当与企业的整体战略相协调，支持企业长期发展的目标，并在实践中不断进行调整与优化，以适应外部环境的变化和内部需求的演进。

通过建立健全的机构设置和科学的权责分配，企业能够在内部环境中营造出高效、稳定的管理氛围，确保内部控制体系的稳健运行，从而为企业的持续发展奠定坚实基础。

3. 内部审计

内部审计是内部环境的核心构成要素之一，对企业内部控制的有效性和透明度起着至关重要的作用。作为一种独立、客观的评价活动，内部审计通过对企业运营、财务活动、内部控制的监督与评估，确保企业各项政策和程序的合规性与有效性。内部审计不仅帮助企业识别和评估潜在风险，还通过提出改进建议，推动企业内部控制的持续优化。

在内部环境中，内部审计的设置与其职能的有效履行直接关系到企业的管理质量和经营成果。内部审计的独立性和权威性是其有效运作的前提，确保审计结果的客观性和公正性。此外，内部审计在促进企业管理透明度、提升决策质量、增强利益相关者信任方面具有不可替代的作用。通过定期审查企业的财务报告、运营流程和内部控制机制，内部审计能够及时发现潜在问题，并推动管理层采取纠正措施，从而减少运营风险，提升管理效率。

内部审计不仅是企业防范财务舞弊和管理失误的重要工具，也是推动企业治理结构优化的重要力量。在不断变化的市场环境中，内部审计的职能和作用应与时俱进，确保企业能够在复杂的经营环境中保持合规性与竞争力，从而实现可持续发展。

4. 人力资源政策

企业应当依据其发展战略，结合现有人力资源状况及未来需求预测，制定科学的人力资源总体规划，以实现人力资源的合理配置和动态平衡。通过优化人力资源的整体布局，企业能够确保在人力资源供给与需求之间建立有效的平衡，从而支持生产经营的可持续发展。在此基础上，企业还需制订年度人力资源计划，明确各阶段的具体目标与实施步骤，并在经过规定权限和程序的审批后予以执行。

在人力资源管理的具体操作中，明确各岗位的职责权限、任职条件及工作要求至关重要。企业应当依据德才兼备、以德为先，以及公开、公平、公正的原则，通过多种方式如公开招聘、竞争上岗等选聘优秀人才，确保选聘对象具备正确的价值取向和强烈的责任意识。在高级管理人员的选拔及中层以下员工的聘用过程中，应坚持因事设岗、以岗选人，杜绝因人设事的现象，从而确保所有选聘人员均能够胜任其岗位职责。

此外，企业应当建立健全选聘人员的试用期及岗前培训制度。通过严格的考察和系统的岗前培训，企业能够帮助新员工充分理解岗位职责，掌握基本技能，并迅速适应工作要求。对于试用期满并考核合格的人员，可正式上岗；对于考核不合格者，则应及时解除劳动关系，以维护企业管理的规范性和公平性。

5.企业文化

企业文化不仅为内部控制的设计和执行提供了有力的支持，还在制度运行过程中不断丰富企业文化的内涵，从而对企业文化建设产生积极作用。企业文化与内部控制作为现代企业制度中的重要构成要素，二者之间相互依赖、相互促进，共同推动企业制度的完善与发展。

企业文化的积极作用在于为内部控制制度的有效运行提供了必要的支持和保障。良好的企业文化氛围不仅能够增强企业的凝聚力，还能够确保内部控制制度得到全面贯彻与执行，使其保持长期的有效性。企业文化不仅是无形的力量，能够提高内部控制的执行效果，更是推动企业达成战略目标的关键要素。若企业文化缺失，内部控制的运行将不可避免地偏离其预设目标。因此，重视企业文化建设对于内部控制的建立与执行至关重要。通过培育科学、合理的企业文化，企业可以弥补内部控制制度的不足，从而确保内部控制始终处于有效状态。

在良好企业文化的基础上建立的内部控制制度，往往能够转化为员工的行为规范，并得到有效贯彻执行。为此，企业应当采取切实有效的措施，积极培育具有独特特色的企业文化，以引导和规范员工行为，增强企业的品牌价值和市场竞争力。通过构建以主业为核心的企业品牌，企业能够逐步形成体现自身特色的发展愿景、积极向上的价值观、诚信守法的经营理念、履行社会责任的担当精神、创新发展的企业精神、团队协作与风险防范意识。这一整体企业文化的塑造，不仅能够提升企业的向心力和凝聚力，更能为企业的长远发展奠定坚实的文化基础，从而确保企业在激烈的市场竞争中立于不败之地。

（二）内部环境与内部控制的关系

完善的内部环境是企业内部控制有效性的保障，有效的内部控制又将推进内部环境不断完善。

1. 内部环境是内部控制的基础

内部环境作为企业内部控制的基础性要素，承担着构建和维持有效内部控制系统的核心职责。内部环境不仅是企业文化、价值观念、风险偏好、组织结构和管理风格的反映，也是内部控制体系得以有效运作的前提条件。其质量和完整性直接决定了其他内部控制要素能否发挥预期功能，并对企业内部控制系统的有效性和持久性产生深远影响。若内部环境存在明显缺陷，即便其他控制要素的设计再完善，也难以避免控制效果的削弱与偏差。一个良好的内部环境能够提供坚实的基础，使企业建立起有效的监督与制衡机制，确保内部控制制度的真实执行和有序运作，最终推动企业实现战略目标。因此，内部环境不仅影响着企业的日常管理行为，还对整体内部控制系统的成败起到决定性作用。

2. 内部环境与内部控制相互联系、相互依存

内部环境与内部控制之间存在着紧密的联系与相互依存的关系。尽管二者在形式上有别，但在内容上相辅相成。构成内部环境的各要素本身即是内部控制系统的重要组成部分，这使得内部环境与内部控制在功能和目标上有着内在的一致性。内部环境的质量直接决定了企业在风险管理、控制活动、信息与沟通、监督等方面的效果，内部环境越健全，内部控制各要素的实施效果越显著。

与此同时，内部环境与内部控制的有效运行相互依赖。内部环境的作用发挥需要依托于内部控制系统的高效运作，只有各控制要素的有效运行才能支撑内部环境的稳定和有序。如果内部控制各要素缺乏有效性，内部环境将无法真正发挥其应有的作用，成为一种空洞的存在。反之，一个完善的内部环境不仅为内部控制制度的建立与执行提供了坚实的基础，还能推动内部控制系统的不断优化与完善。通过这种相互促进的关系，企业能够确保内部控制系统的整体性和可持续性，进而推动企业管理水平的提升。

3. 内部环境与内部控制相互制衡

内部环境作为内部控制的基础性要素，能够通过促进或阻碍内部控制活动，直接影响内部控制效果的优劣。从内部环境与其他控制要素的关系来看，所有的控制活动都是这两者之间的动态联动的结果。内部环境不仅对其他要素施加刚性约束，确保控制活动在既定框架内运行，而且需要依赖其他要素的优化来增强自身的功能表现。这种相互制衡的机制使得内部控制体系能够在多变的环境中保持

其稳定性和有效性。内部环境通过对控制活动的推动作用,确保企业在执行内部控制政策时能够应对各种潜在风险,并在必要时作出调整与完善,从而达到优化内部控制系统的目的。与此同时,其他控制要素的有效运行也能够反过来优化和强化内部环境,为企业的长期发展打下一个更加稳固和高效的管理基础。

4. 内部控制与内部环境的互动关系

企业内部环境与内部控制之间存在一种复杂的互动关系,这种关系并非简单的单向关系或主从关系。内部环境与内部控制在企业运营过程中形成了一种相互依赖、相互作用的良性循环。具体而言,内部环境不仅对内部控制的设计和实施起到基础性作用,影响控制活动的效果和效率,同时,内部控制的有效运作也能够反过来改善和优化内部环境。这种双向互动机制体现了内部控制对内部环境的优化功能。内部控制在适应内部环境的同时,通过其创新和深化,也能够对内部环境的特性和变化做出积极的调整。

在企业管理实践中,可以观察到健全的内部控制体系通过生成高质量的会计信息,逐步推动内部环境的完善。这种互动关系强调了内部环境与内部控制的互促作用,内部环境的优化有助于内部控制的有效运行,高效的内部控制也能够促进内部环境的持续改善和提升。因此,这种互动关系在企业的管理实践中发挥着重要的作用,通过相互作用与支持,推动企业实现更加高效的运营和管理。

第二节 风险管理及其数字化转型设计

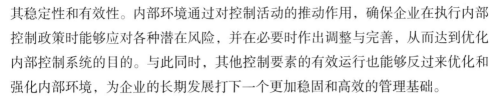

风险管理是企业经营管理的关键模块之一,对于本质上是经营风险的金融企业来说,风险管理更是重中之重,是一切业务的根本。

一、风险管理的流程

风险管理的基本流程是风险识别、风险评估、风险应对、风险监测、风险报告。

(一)风险识别

风险识别作为风险管理的起点,要求管理人员运用系统化的方法和专业知识,全面且持续地揭示经济单位可能面临的各类风险。这一过程旨在为后续的风险管理提供信息支持，通过深入分析风险因素、事故记录、损失暴露情况，识别潜在的威胁源头。风险识别的有效性直接决定了整个风险管理流程的精确性和全面性，因此，风险管理的成效首先取决于这一环节的系统性和准确性。

（二）风险评估

风险评估则是对已识别出的风险进行量化和质化分析的过程，通过对风险的可能性及其潜在影响进行评估，为企业制定相应的风险应对策略提供依据。风险评估不仅关注风险的发生概率，还包括对其可能带来的经济损失和非经济损失的衡量。通过定性分析和定量分析的结合，风险评估为风险应对策略的选择提供了科学基础，确保企业在面对风险时能够采取最为适宜的行动。

（三）风险应对

风险应对是风险管理流程中的核心环节，旨在针对已经评估过的风险制定并实施相应的应对措施。这些措施包括风险控制、风险转移、风险接受等。其中，风险控制被视为最为重要的应对方式。通过有效的风险控制，企业能够在风险发生之前或发生之初采取预防措施，最大限度地降低风险对企业经营活动的负面影响。同时，风险应对的有效性也依赖于内部控制系统的健全与完善，二者之间存在密切的互动关系。

（四）风险监测

风险监测是对风险管理过程中的各类风险进行持续监控和预警的过程。通过运用多种方法、指标、信息系统，企业能够实现对风险的动态或静态、整体或局部的监测。在此过程中，企业能够及时发现潜在风险或在风险初期迅速采取应对措施，以降低风险可能带来的不利影响。风险监测不仅是对风险管理全过程的实时监督，还为企业及时调整风险管理策略提供了重要信息。

（五）风险报告

风险报告作为风险管理流程的最后环节，承担着信息反馈和沟通的职能。通过对全面风险和单项风险的定期或不定期汇报，风险报告为企业管理层提供了有关风险管理现状和效果的综合性分析。风险管理报告和风险事件报告是风险报告的主要形式，通过这些报告，企业管理层能够及时掌握企业的风险状况，并据此作出战略性决策。

二、风险管理的数字化转型

数字化转型就是利用数字技术来推动企业经营的自上而下和自下而上的变革，它专注于通过开发新的数字技术或构思新的用途来设计、创建和运营新的企业或者改造现有的企业。

风险管理是一个包含多个子风险领域的多维、立体的系统性工程，在管理策略、对象、方法论、指标、工具上均具有一定的差异，具备风险管理职能和行使风险管理权力的部门也不尽相同。在选择风险管理数字化转型的时机时，需要考虑企业内外部的各种因素。因此，对于风险管理的数字化转型最好设定分阶段实施路径，根据行业内较为通行的规划方法，将数字化转型路径设定为以下五个阶段：

（一）战略先行，策略紧随，领导力推动

在这一阶段，制定全面的风险管理数字化转型规划。这一规划需要明确企业的核心能力和资源，并对所有涉及的风险进行系统化的转型排期安排。公司管理层的核心作用在于注入必要的领导力，通过人格化授权确保转型过程的有序推进。同时，应组建一个合适的数字化转型团队，该团队负责制定和实施具体的运营方案，以推动整体转型策略的落地和执行。

（二）单点突破，分步实施，敏捷迭代

在这一阶段，重点应放在用户价值和业务价值的结合上，通过内部资源和能力的整合，根据排期计划选择一个具体的风险作为突破点进行转型。实施时，需要采用小步快跑的策略，分步推进，确保过程中的灵活项目管理和流程简化，以实现稳步推进。敏捷转型的关键在于汇聚不同领域的专家与骨干，建立敏捷组织和团队，从而提升转型的灵活性和响应速度。

（三）逐步推广，组合管理，深度融合

应将单点突破的成功经验或成果推广至其他风险领域，注重团队合作和共同分享成果。对于不同的风险转型，需要实施风险组合管理、项目组合管理和人才组合管理，确保资源的最优配置。通过将风险管理与企业战略、业务增长及财务绩效相结合，推动业务、职能、科技三条线的深度融合，以促进企业整体业务的协同发展。

（四）集成管理，智能协同，注重创新

这包括对各类风险管理进行全面的数字化集成管理，打造智能化的风险管理系统、工具或平台，以深化智慧转型的实施。同时，应关注创新的驱动作用，提升企业在业务、管理、科技方面的创新能力，确保风险管理体系能够支撑企业的持续创新与发展。

（五）联调联动，持续整合，塑造文化

通过敏捷、合作、协同、激励机制，实现联调联动，解决转型过程中出现的痛点问题，进一步提高流程效率和工作效果。持续整合风险管理的各项资源和能力，有助于建立企业内外部的一体化命运共同体。在此基础上，以业务、人才、数据、技术为支撑，打造具有创新文化的风险管理体系，推动企业在数字化转型过程中形成一个创新驱动的组织环境。

第三节　数字化内部控制与全面预算管理

一、数字化内部控制

（一）数字化推动企业内部控制的变革

随着数字技术在企业中的深入应用，特别是云计算和物联网的广泛采用，企业内部控制体系正经历深刻的变革，这一变革深刻影响了内部控制模式和活动的重点。

1. 内部控制的自动化和智能化

数字化转型不仅加速了企业在管理和运营层面的自动化进程，还推动了企业内部控制方式向更高层次的智能化发展。内部控制的自动化和智能化水平显著提升，传统依赖人工操作的控制流程逐步被智能算法和自动化系统取代，使得企业能够更加精准、实时地监控和管理各类业务风险。数字化系统的深入应用提高了内部控制的效率和有效性。通过实时数据的采集与分析，企业能够更及时地识别和应对潜在风险，从而大幅减少风险管理的滞后性。这种实时性不仅提高了内部控制的反应速度，还使得企业能够在复杂的市场环境中保持更高的灵活性和竞争力。

2. 内部控制制度的变革

随着数字化技术的普及，企业内部控制制度也发生了重大变革，不仅体现在制度内容的更新上，更包括对制度执行方式和管理方式的深层次调整。新技术和系统的应用要求内部控制制度具备更高的适应性和前瞻性，以确保其能够有效支持和规范数字化环境下的各项业务活动。这种制度的变革不仅是对传统内部控制方式的补充和完善，更是为了适应数字化转型所带来的新挑战，确保企业在数字化时代的内部控制能力与外部环境的快速变化保持一致。通过对制度的不断更新和优化，企业得以构建一个更加灵活、有效的内部控制体系，能够更好地支持其战略目标的实现和长期发展。

3. 企业管理模式的革新

数字化转型不仅仅是技术层面的升级，更是企业管理模式的全面革新。在这一过程中，内部控制的变革既是企业数字化转型的必然要求，也是推动企业在新技术环境下持续创新和发展的关键力量。通过提升自动化和智能化水平、提高控制效率和有效性，重构内部控制制度，企业能够在数字化时代实现更高的管理标准和风险防控能力，从而在竞争激烈的市场环境中获得持续的竞争优势。这一切使得数字化转型成为企业内部控制体系优化和创新的重要推动力，推动企业在复杂多变的市场环境中保持领先地位。

（二）企业数字化内控体系的构建策略

企业在构建数字化内部控制体系时，需要采取一系列具有战略性和系统性的措施，以确保内部控制的效率与效益最大化。

1. 加强信息化建设是数字化内控体系的核心

企业需不断完善和优化会计信息系统，并在此基础上推进各部门的数字化转型。会计信息系统不仅是企业财务活动的枢纽，更是内部控制体系中至关重要的一环。通过基于大数据的内部控制，企业能够对会计信息系统中的隐患进行合理分析和精准预测，从而实现对经营活动的实时监控和管理。这一过程不仅有助于提高财务信息的准确性和及时性，也为企业决策提供了坚实的数据支持。

2. 企业应在数字技术的支持下推进多部门协作

对于企业的内控管理部门和信息技术部门来说，要以自身内控制度的建设和落实现状为依据积极开发内控管理数字化工具。对企业的任何一个部门来说，内部控制都是与自身息息相关的管理活动，所有部门的员工都要接受培训并熟练掌握关于数字化内控系统的操作技能。

3. 建立一体化管理制度

企业应建立一体化管理制度，打破各个部门之间的数据壁垒，并在此基础上集中管理各项事务和流程，打造标准化、规范化的业务流程和管理体系。与此同时，企业的内部控制部门可以对采购、营销、销售、库存等数据进行全方位分析，深度把握各个流程内控的运作情况，以便及时发现问题、解决问题，提高内控数字化系统的规范性和运行效率。

4. 增强内控信息化系统的洞察力

增强内控信息化系统的洞察力，是企业在技术快速变革的背景下必须重视的一项工作。随着数字技术的迅速发展，企业需要不断进行系统的迭代升级，以适应技术进步和业务变革。企业应在开发数字化内控系统时，充分利用最新的技术，并考虑长期的业务发展趋势和技术创新方向，为未来的系统迭代作好准备。这不仅有助于提升内控系统的前瞻性，还能增强企业应对复杂市场环境的能力。

5. 建立数字化内部控制体系

企业应将数字技术深度融入业务流程，推动业务流程的标准化和规范化建设。在业财一体化的基础上，数字技术能够实现业务流程的自动化和优化，从而提高企业的运营效率。通过掌握内部控制的逻辑，企业可以创建一个成本低、手段多、效率高的数字化内部控制体系。数字技术的应用不仅推动了内控流程的规范化建设，也为企业的长期发展提供了强大的技术支持和保障。这种系统性的内控体系构建策略，将助力企业在数字化时代保持竞争优势，实现持续增长与创新。

二、数字化全面预算管理

（一）构建全面预算管理的数字化体系

数字化体系通过引入先进的信息技术和数据分析工具使预算管理的效率和精准性得以提升。数字化预算管理体系不仅实现了数据的实时更新和自动化处理，还为企业提供了更加科学的决策依据。通过数据的智能分析，管理者可以更加准确地预测财务状况，从而优化资源配置，降低运营风险。

1. 建立科学的数字化全面预算管理体系

构建科学的数字化全面预算管理体系需要突破传统预算管理模式的限制，采用先进的信息技术实现全面的变革。传统预算管理体系往往侧重于财务报表和结果导向，这种方法无法准确反映各业务环节的具体特征及需求，限制了对预算执行过程的精确把控。为了提高预算管理的科学性和有效性，需要在新的数字化环境中重塑预算管理体系。

（1）业务需求与预算管理系统的集成

数字化预算管理体系应注重业务层面的数据采集和需求分析，超越传统的财务视角，扩展预算管理的维度。这一转变要求将业务操作的详细信息纳入预算编制和管理中，从而实现业务目标与预算体系的深度融合。通过将业务需求与预算管理系统的集成，预算体系能够更加精准地反映业务活动的实际情况和需求，从而优化预算分配和调整。

（2）数字化转型

数字化预算管理体系应注重对整体业务、财务、管理流程的全面数字化转型。这一过程推动了"业务、财务、管理"三者的深度融合，促进了预算编制、分析和考核的智能化水平提升。通过动态数据管理和实时监控，数字化预算管理体系能够提供更为精准和及时的信息支持，使预算管理工作更加高效和灵活。

科学的数字化全面预算管理体系不仅提升了预算管理的效率，还通过数据驱动和智能化手段促进了管理流程的优化和业务目标的实现。这种转型将为组织提供更为全面和精确的预算控制能力，从而支持其战略目标的实现和持续发展。

2. 完善数字化管控平台

完善数字化管控平台是企业顺利实施数字化转型的重要环节。通过引入和应用先进的数字化技术，企业可以显著提升其财务管理和运营管理的能力。

（1）扩充数据库

企业应利用大数据和云计算等技术，扩充其财务数据库的容量。这一措施允许企业对与生产经营相关的数据进行全面的收集、整合、动态处理，并通过智能分析深入挖掘数据的潜在价值。这种数据驱动的方法不仅提高了数据处理的效率，还能够为企业提供更为精准和及时的决策支持。

（2）实现数据融合与统一

企业应利用物联网和大数据技术打通企业内部各业务板块之间的联系，消除数据孤岛现象，实现数据的全面融合与统一。通过这种数据整合，企业能够避免信息资源的浪费，确保数据得以充分利用。数据融合后的分析和处理将进一步提升预算管理的科学性与准确性，为企业的运营决策提供更加可靠的依据。

完善的数字化管控平台通过整合先进技术和数据管理手段，促进了信息的高效流动和利用，从而为企业提供了更加科学和准确的管理工具，推动了企业的数字化转型进程。

3. 科学运用预算编制手段和数字化技术

（1）对预算管理进行创新和升级

企业应充分发挥数字化技术的创新优势，利用先进技术对预算管理的理念、模式、组织架构、流程进行全面的创新和升级。通过加强数字化预算管理的相关培训，企业能够确保管理人员熟练掌握数字化操作手段，实现技术与预算管理的有效融合。

（2）整合信息

企业可以应用人工智能技术来捕捉和整合各类信息，包括图片、影像、声音、文本等，从而获取有价值的数据。此外，企业应依法搜集和调研相关经济政策、财务政策、战略信息，并整合企业经营发展过程中的有效数据。这些信息的汇集和整合将进一步扩展预算管理的数据库，为数据模型分析平台的建立提供支持。

（3）系统化分析数据

企业应利用数字化技术建立的数据模型分析平台对收集的数据进行系统渲化分析，从而制定出更为合理、高效、准确的预算管理策略。通过数字化手段执行这些策略，可以减少人为因素带来的偏差，提升预算管理的准确性和效率。这种方法不仅提升了预算管理的职能，还促进了企业的健康发展。

在数字化技术的支持下，企业能够结合实际情况灵活运用各种预算编制手段，如固定预算、增量预算、零基预算和滚动预算，实现科学而高效的全面预算管理。

（二）数字化全面预算管理的策略

1. 实施有效的预算控制

企业在全面预算管理中应充分利用数字化技术，以实现对预算的精准控制。通过借助先进的数据分析工具，企业能够对每月经营状况进行详细的同比和环比分析，从而识别市场变化的各种因素。这种分析不仅能够帮助企业洞察市场动态，还能够帮助企业依据实际情况调整其发展方向和战略。通过这种方法，企业能够实现对经营指标的有效把握和控制。

此外，企业需要制定并实施科学合理的预算管理制度，使预算控制成为企业管理的常态化过程。通过建立健全的预算控制制度，企业能够进一步强化预算控制的效果，确保各项预算安排符合企业的实际需求和发展目标。这种制度化的预算控制不仅提高了企业的财务管理水平，也增强了预算执行的可操作性和灵活性，从而为企业的长远发展提供了坚实的保障。

2. 建立健全预算绩效评价考核体系

在当代企业管理中，建立和完善预算绩效评价考核体系是提升预算管理质量和效率的重要途径。企业应充分利用数字化技术来优化这一体系，通过制定与企业战略目标相契合的预算绩效评价标准，实现预算目标的科学考核和精确管理。数字化工具（人工智能和云计算等），能够在预算管理的各个阶段提供全面的支持，通过对预算实施过程的实时监控和数据分析，确保预算目标的精准实现。

预算绩效评价考核体系的建设不仅需要涵盖对预算目标的评估，还应融入全面预算关键指标和闭环管理体系。应特别关注绩效评价的结果，将其与个人、团队、部门的绩效直接挂钩，通过设置奖惩机制增强相关人员对预算管理的责任感和效率意识。这种机制有助于从根本上提高预算管理的全面性和准确性，促进预算目标的实现，并推动组织内的预算管理文化的深化和发展。

3. 合理分解预算指标并明确责任主体

在预算管理过程中，在确定整体预算指标后，财务人员需要将这些指标按照不同时间维度进行分解，包括年度、季度、月度预算指标。通过这种时间上的层级细分，可以更清晰地规划预算执行的各个阶段，并进行适时的调整和监控。

根据管理职责或目标利润，预算指标应在部门、团队、岗位层级进行逐级分解。这样，预算指标可以具体到每一位员工，使得每个人的职责和目标明确化。明确的责任主体不仅能够提升预算执行的精准度，还能在预算管理过程中发挥监督、约束、激励的作用。通过这种细化和责任明确的管理方式，可以有效推动企业预算管理的全程控制，确保预算目标的实现和企业的健康发展。

参考文献

[1] 鲍凯.数字化财务：技术赋能＋财务共享＋业财融合＋转型实践［M］.北京：中国经济出版社，2023.

[2] 陈冰玉，张艳平，祝群.内部控制［M］.济南：山东大学出版社，2019.

[3] 国网江苏省电力有限公司财务数字化转型实践创新课题组.财务数字化管理升维：国网江苏电力实践［M］.北京：机械工业出版社，2023.

[4] 韩楠，鲁云鹏，李念，等.财务管理［M］.秦皇岛：燕山大学出版社，2023.

[5] 王佘萍，章新蓉，杨安福，等.项目投资风险的分析与评价［M］.北京：光明日报出版社，2007.

[6] 姜法芹，袁凯，贾宪军.金融学［M］.北京：机械工业出版社，2022.

[7] 李明慧.财务管理与会计实践创新研究［M］.北京：中国原子能出版社，2022.

[8] 李兴稼.项目投资与评估［M］.北京：知识产权出版社，2013.

[9] 罗进.新经济环境下企业财务管理实务研究［M］.北京：中国商业出版社，2019.

[10] 倪向丽.财务管理与会计实践创新艺术［M］.北京：中国商务出版社，2018.

[11] 王利萍，吉国梁，陈宁.数字化财务管理与企业运营［M］.长春：吉林人民出版社，2022.

[12] 萧达人.企业风险管理数字化转型：方法论与实践［M］.北京：机械工业出版社，2023.

[13] 周云，徐秦玲.投资管理理论与实践［M］.南京：江苏人民出版社，2016.

[14] 李晶晶，贾雪松，都娟.基于5G技术的数字经济创新发展分析［J］.集成电路应用，2024，41（4）：232-233.

[15] 白玉静.企业集体预算控制向数字化财务管理转型的研究［J］.财讯，2023（23）：156-158.

[16] 曹小红.数字化背景下企业会计转型升级对策研究［J］.当代会计，2024（1）：22.

[17] 曾玉，刁顺桃.作业成本法在制造企业中的应用：以东风汽车为例［J］.商场

现代化，2024（14）：162-164.

[18] 陈传亮. 数字化财务管理对现代企业的影响及应用探索 [J]. 当代会计，2023（21）：79.

[19] 陈峰. 财务共享服务中心在企业中的应用 [J]. 中国商界，2024（7）：140-141.

[20] 陈良华，贺小雨，赵榕. 数字智能技术与会计未来发展 [J]. 会计之友，2024（10）：156-161.

[21] 陈再菊，胡萍，袁征. 数字化全面预算管理在县域医共体中的探索与实践 [J]. 财务与会计，2024（5）：58-62.

[22] 程会洁，刘辉，李楠. 企业全面预算管理的数字化转型路径研究 [J]. 中国注册会计师，2024（3）：102-105.

[23] 黄园. 金融创新对企业融资战略的影响研究 [J]. 老字号品牌营销，2024（2）：204-206.

[24] 李佳一. 财务智能化时代高校财务管理转型的思考 [J]. 中国注册会计师，2023（7）：94-97.

[25] 林晓金. 企业智能化管理会计信息系统的功能与模块架构设计研究 [J]. 企业改革与管理，2023（7）：89-91.

[26] 刘俊杰. 企业经营预测应用存在问题及对策研究 [J]. 财经界，2020（17）：98.

[27] 刘琪，刘莹. 新时代下数字化财务管理体系的创新与建设 [J]. 冶金财会，2023，42（10）：44-46.

[28] 刘淑春，闫津臣，张思雪，等. 企业管理数字化变革能提升投入产出效率吗 [J]. 管理世界，2021，37（5）：170-190，13.

[29] 彭文静. 金融科技、风险承担与金融创新 [J]. 青海金融，2024（2）：35-41.

[30] 钱晓岚. 投资项目的风险识别与决策 [J]. 福建广播电视大学学报，2004（6）：24-25，29.

[31] 锲舍. 在投资项目中加大社会评价 [J]. 中国投资，2004（8）：123.

[32] 任羽卓，许漾方. 数字化转型与企业创新策略选择 [J]. 经济体制改革，2024（4）：124-131.

[33] 申明浩，庞钰标，杨永聪. 税收征管数字化与企业投融资期限错配 [J]. 商业研究，2023（6）：48-58.

[34] 苏雨婷. 数字化转型视角下企业全面预算管理研究 [J]. 财会学习，2024

（20）：53-55.

[35] 孙宏珊.企业加强内部控制体系建设的思路和方法研究 [J].企业改革与管理，2024（5）：137-139.

[36] 孙慧.集团企业财务管理信息化的总体规划与实践路径 [J].中国乡镇企业会计，2024（3）：145-147.

[37] 孙文慧.论项目融资的风险评估与控制 [J].经贸实践，2016（16）：55-56.

[38] 田伟婷.新时代下数字化财务管理体系的创新与建设 [J].数字化用户，2024（13）：267.

[39] 田原.大数据背景下日化企业财务管理职能研究 [J].日用化学工业（中英文），2023，53（7）：859-860.

[40] 万莎.企业司库管理体系建设的路径探索 [J].老字号品牌营销，2024（14）：147-149.

[41] 王家颖.浅析集团财务管控中的财务核算标准化问题 [J].经贸实践，2018（17）：106.

[42] 王文华，周立姚.物流业数字化转型如何提升财务绩效：基于融资成本与管理效率的双重路径 [J].财会通讯，2022（20）：44-48.

[43] 王欣，刘光强，干胜道.新质生产力赋能财务管理高质量发展的机制与路径 [J].财会月刊，2024，45（9）：41-46.

[44] 吴海飞.金融市场发展与风险防范研究 [J].投资与合作，2024（7）：13-15.

[45] 夏正洲，褚贵忠，王春红.高校财务数字化转型路径研究：基于S大学的实践 [J].会计之友，2024（13）：110-116.

[46] 肖红军，阳镇，刘美玉.企业数字化的社会责任促进效应：内外双重路径的检验 [J].经济管理，2021，43（11）：52-69.

[47] 徐敏炎.试论现代财务分析程序与方法体系的重构 [J].赤峰学院学报：自然科学版，2015，31（15）：154-155.

[48] 杨高武.智能多维会计核算系统应用研究 [J].财会通讯，2024（1）：135-140.

[49] 郁鑫华.企业融资风险及应对策略 [J].中国集体经济，2024（22）：69-72.

[50] 袁磊，郭亚雯，吕长江，等.智慧司库管理会计体系研究：来自于宝武管理会计实践的证据 [J].会计研究，2023（4）：173-192.

[51] 袁玮.分析现代管理会计的成本核算变动成本法的优越性 [J].商，2015（9）：161.

[52] 张楠.提升成本管理数字化变革的思考 [J].中国中小企业，2024（6）：93-95.

[53] 张庆龙.新质生产力赋能财务数字化转型 [J].财会月刊，2024，45（15）：21-25.

[54] 张笑影.标准成本管理在企业成本管理中的应用与实践 [J].商场现代化，
　　　2022（5）：156-158.

[55] 张咏梅，王晓艳，赵金凯.以"数"谋"盈"：企业数字化转型对盈余持续
　　　性的影响研究 [J].审计与经济研究，2024，39（1）：75-84.

[56] 赵淑惠.企业内部业绩评价的行为影响研究 [D].大连：东北财经大学，2009.

[57] 朱文，范卫星，伍程程.智能会计系统理论模型的设计与应用研究 [J].会计
　　　之友，2024（18）：80-86.